AF389692

L'OBSERVATEUR

AU CONGRÈS.

PREMIÈRE LIVRAISON.

On souscrit aux adresses ci-après, moyennant 60 c. par livraison prise à Paris, ou 70 c. franc de port ; on en paye cinq d'avance.

On souscrit aussi à Paris, chez :

CORRÉARD , l'un des naufragés de la *Méduse*, Palais-Royal, Galeries de Bois ;

BAUDOUIN FRÈRES, rue de Vaugirard , n. 36, près la Chambre des Pairs ;

DELAUNAY, Palais-Royal, Galerie de bois ;

PÉLICIER , au Palais-Royal ;

LADVOCAT, au Palais-Royal ;

MONGIE aîné , boulevard Poissonnière , n. 18;

Dans les départemens :

Agen, chez Noubel, imprim.	Strasbourg, — Levrault.
Angoulême, — Tremeau et c.	Rennes, — Kerpen.
Bordeaux, — Coudert.	Poitiers, — Catineau.
Blois, — Aucher-Éloy.	Tours, — Légier-Homo.
Marseille, — Camoïns, frères.	Belfort, — Clerc.
Montpellier,—Gabon,—Sevalle.	Bourges, — De Brie.
Orléans,—veuve Huet-Perdoux.	La Rochelle , — Guillard.
Rouen, — Frère. —Regnault.	Valence, — Marc-Aurel.
Perpignan, — Tastu père et fils.	Le Mans, — Toutain.
Lyon, — Bohaire. — Targe.	Metz , — Devilly.
Toulouse, — Vieusseux.	Colmar, — Petit.
Bruxelles,—Demat.—Lecharlier.	Dijon, — Lagier.
Mons, — Leroux.	Le Hâvre, — Chapelle.

IMPRIMERIE DE BAUDOUIN, FILS,

RUE DE VAUGIRARD, N. 36, PRÈS LA CHAMBRE DES PAIRS.

L'OBSERVATEUR

AU CONGRÈS,

OU

RELATION HISTORIQUE
ET ANECDOTIQUE

DU CONGRÈS D'AIX–LA–CHAPELLE, EN 1818,

PRÉCÉDÉ

D'un coup-d'œil sur la Situation des différens Peuples de l'Europe et du Nouveau-Monde, à l'ouverture du Congrès.

PARIS,

Chez A. EYMERY, LIBRAIRE DE LA MINERVE FRANÇAISE, Rue Mazarine, n. 30;

(27 SEPTEMBRE 1818.)

L'OBSERVATEUR

AU CONGRÈS

D'AIX-LA-CHAPELLE, EN 1818.

COUP-D'OEIL

SUR LA SITUATION POLITIQUE DE L'EUROPE
A L'OUVERTURE DU CONGRÈS.

> Pulchrum eminere est inter illustres viros,
> Consulere patriæ, parcere afflictis; fera
> Cæde abstinere; tempus atque aræ dare;
> Orbi quietem; sæculo pacem suo:
> Hæc summa virtus; petitur hâc cælum viâ.
>
> SÉNÈQUE.

Pour comprendre le présent et pour se faire une idée de l'avenir, il convient, avant tout, d'interroger le passé. Rien n'est plus propre à propager l'erreur que de séparer les événemens de leurs antécédens; l'effet appartient au vulgaire et la cause à l'observateur. On ne voit

que trop, des hommes superficiels isoler les
faits de la série à laquelle ils appartiennent,
rapporter aux gouvernemens les idées étroites
qui peuvent s'appliquer aux choses particulières. Nous sommes loin, sans doute, d'avoir
la prétention de servir de modèles, mais nous
pouvons au moins répondre du sentiment qui
dirige notre plume dans l'examen suivant.

Nous ne saurions trop dire combien il
importe de voir toujours en politique le
côté relatif des choses; tout ce qui n'est que
positif se détruit promptement; en s'augmentant, la fortune d'un homme ne diminue pas
celle de son voisin; de peuple à peuple, au
contraire, l'un perd tout ce qu'un autre gagne;
il perd même en gagnant, s'il gagne moins.
C'est cette vérité, profondément sentie par la
Grande-Bretagne, qui a élevé cette puissance
au degré de prospérité où nous la voyons aujourd'hui, et nous aurons occasion de revenir
sur cette idée, lorsque nous nous occuperons
plus particulièrement de la place qu'elle occupe aujourd'hui dans le système politique du
monde civilisé.

Il arrive presque toujours, en lisant l'histoire, qu'on se laisse éblouir par l'éclat des
grandes actions; mais combien d'avantages ne

sont qu'apparens, et combien de fois la réflexion ne fait-elle pas rougir de l'admiration prodiguée par l'enthousiasme. Laissons
donc aux narrateurs le soin de recueillir les
faits; de tracer le tableau des magnifiques
horreurs que la guerre traîne à sa suite; ne
comptons pour rien les batailles perdues ou
gagnées; cherchons des résultats; voyons en
tout la fin des choses; et, pour juger le règne
d'un souverain, examinons seulement comment
était son royaume lors de son avénement au
trône et dans quel état il l'a laissé.

Le traité de Vervins, en 1598, nous semble
un point de départ convenable; écrivant pour
nos concitoyens, nous avons surtout le desir
de rapporter les intérêts de l'Europe aux intérêts de la France, et de prendre notre patrie pour centre des événemens sur lesquels
elle a toujours eu une si puissante influence.

Avant d'arriver à l'époque actuelle, il faut
bien que nous suivions la marche des traités
qui ont successivement modifié l'état politique
de l'Europe. Nous nous abstiendrons d'entrer
dans le détail des guerres qui les ont précédés,
mais nous ne résistons point au desir de remarquer ici que les progrès des lumières en
éclairant les hommes et les gouvernemens, au-

ront nécessairement restreint les guerres à venir puisqu'elles ont diminué les motifs d'inimitié. L'industrie occupe une grande partie des bras qui n'avaient pour ressource que le maniement des armes; la religion ramenée à ses vrais principes, et débarrassée par la philosophie de l'obscurité de ses dogmes, ne partage plus avec l'ambition le droit fatal d'armer les hommes les uns contre les autres; c'est du saint siége que partent les exemples de la tolérance. Ce qui fournit matière à un procès entre particuliers ne peut plus être le motif d'une guerre entre souverains; les sottises de l'étiquette et les passions d'un maître deviennent de plus en plus insuffisantes pour faire marcher des armées. Toute la force humaine se concentre dans le plus noble de tous les vœux; l'amour de l'indépendance anime tous les peuples comme il réunit tous les hommes; et les progrès de la philantropie sont tels, que cette philantropie vient de s'asseoir sur le trône des souverains. On se fait une idée plus juste de la véritable grandeur, et il est d'autres lauriers que ceux qu'arrose le sang humain. Toujours on a vu les grands rois commander eux-mêmes leurs armées; la destruction précédait leurs pas, et ils recueillaient l'admiration des hommes ; ils laissaient, à des ministres gagés, le soin de traiter de la paix : aujourd'hui ils remplissent sans intermédiaires les plus nobles fonctions attachées au rang suprême, et, semblable à la lance d'Achille, l'épée d'Alexandre guérit les blessures dont souffre l'humanité.

Cette république de rois était le vœu d'Henri IV ; avant de s'occuper des affaires intérieures de son royaume, ce prince voulut avant tout être le maître chez lui ; son premier soin, lorqu'il fut affermi sur son trône, même avant de publier l'édit, révoqué par son petit-fils, qui assurait à chacun la liberté de conscience, fut de mettre un terme à la guerre que lui faisait Philippe II. Le traité de Vervins rétablit la paix générale ; mais, comme les Espagnols voulaient retenir quelque chose de leurs conquêtes en France, Henri déclara fermement qu'il aimoit mieux soutenir une guerre éternelle que de rien laisser démembrer de son royaume. La France était loin alors d'avoir les ressources qu'elle possède aujourd'hui. Le traité fut signé sur le plan tracé par Henri IV qui même dicta des conditions au duc de Savoie.

Huit ans après la mort de ce grand roi, la

guerre s'alluma en Allemagne; toute l'Europe y prit part. Le cahos de toutes les prétentions semblait impossible à débrouiller, et il s'y joignait des animadversions de secte. Cette guerre dura trente ans. Elle ne finit que par le traité de Westphalie, conclu, sous la minorité de Louis XIV, le 24 octobre 1648. Les différences de croyance avaient tellement exaspéré les hommes les uns contre les autres, que les envoyés des princes protestans de la ligue de Smalcade tinrent leurs conférences à Osnabruck, tandis que les plénipotentiaires des princes catholiques s'assemblaient à Munster.

Le traité de Westphalie fut signé par les ministres de Louis XIV, de l'empereur Ferdinand III, des Électeurs, Princes et États de l'Empire; il devint la base de la constitution germanique, et fixa, pour la première fois, les droits et les devoirs respectifs des puissances de l'Europe, en mettant un terme à leurs prétentions. La branche autrichienne, qui régnait alors sur l'Espagne, fut la seule qui ne voulut point accéder au traité, et elle continua la guerre. Elle traita séparément avec la Hollande, à l'avantage de laquelle fut ce traité partiel. Malgré les conventions signées, la branche allemande prit aussi part à la guerre.

Le traité de Westphalie confirma à la France les trois évêchés de Metz, Toul et Verdun, lui assura en toute souveraineté la haute et basse Alsace, le Suntgaw et le vieux Brissac, et lui donna un point d'appui en Allemagne, en lui conférant le droit de garnison à Philisbourg. L'électorat de Bavière fut créé; le pouvoir impérial restreint dans d'étroites limites; et, comme le dit Voltaire, les Français et les Suédois devinrent les législateurs de l'empire. Ce traité fut encore plus avantageux à la Suède qu'à la France : elle acquit la Poméranie, des places et des indemnités pécunières; des pospossessions catholiques passèrent, au grand mécontentement de la cour de Rome, dans des mains luthériennes.

Le traité de Westphalie pourrait-il encore aujourd'hui servir de base à la conciliation des intérêts de l'Europe? Il serait absurde de le penser. Il faudrait, pour que cela fût possible, que chacune des puissances qui la composent se trouvât précisément dans la situation où elle était alors; que les vaisseaux de l'Angleterre n'eussent pas porté sa domination dans les Indes; que l'émancipation et l'indépendance des États-Unis n'eussent pas introduit un nouvel ordre de choses dans un nouvel hémisphère;

que la Hollande, Venise et Gènes, redevins-
sent des puissances maritimes et commerciales,
telles qu'elles étaient ; que le système colonial
n'eût point éprouvé d'aussi étonnantes variations ; que l'Amérique ne fût pas sur le point
d'échapper à l'Europe ; que l'influence papale
s'étendît encore sur tous les princes de la chrétienté ; que la Russie ne fût encore que la
Moscovie ; que cet empire immense, qui aura
dù son élévation et sa splendeur à Pierre, à
Catherine et à Alexandre, n'eût point apparu
avec tant d'éclat sur la scène politique ; que
l'Angleterre ne fût pas sans rivale sur mer ;
que la Porte pût encore tenir les clefs de l'Europe et de l'Asie, et imposer à l'Autriche ; que
cette puissance n'eût pas tourné vers l'Italie
l'influence qu'elle avait sur le nord de l'Allemagne ; que la Prusse fût encore un état
secondaire ; que l'Espagne n'eût pas vu s'é-
chapper de ses mains ses immenses possessions ; que la presque totalité du monde civilisé ne fût pas encore agitée par la commotion
causée par la révolution française ; il faudrait
enfin que deux siècles de lumières n'eussent pas
révelé aux hommes les secrets de la liberté,
de la philosophie, de la philantropie ; que les
sciences, les lettres et les arts n'eussent pas fait

d'aussi grands progrès; et que le monde moral n'eût pas éprouvé un changement total par cette tendance universelle vers les gouvernemens constitutionnels dont les heureuses semences, partout répandues, germent partout, et qui, sans s'opposer à la légitimité des souverains, placent à côté d'eux la légitimité des peuples.

L'origine des gouvernemens représentatifs remonte plus haut qu'on ne croit. La monarchie absolue ne pouvait être qu'un état de passage, comme à Rome le pouvoir dictatorial n'était qu'un pouvoir momentané. Le cardinal de Richelieu, ayant abattu les têtes de l'hydre féodale qui s'élevaient entre le peuple et le roi, augmenta les droits de la couronne ; mais il y eut une lacune dans le gouvernement : les parlemens la remplirent d'une manière incomplète. Cette lacune exista en France jusqu'à la création des deux chambres. Ces vérités sont partout répandues; il est donc probable que d'ici à un siècle toutes les puissances de l'Europe auront une constitution. Heureuses les nations qui la recevront de la main des princes! Plus heureux les princes qui la concéderont volontairement !

On ne saurait douter qu'un aussi grand changement dans l'intérieur des états n'amène des modifications indispensables dans leurs relations. Des peuples libres ne traitent point entre eux comme des peuples assujétis. Tout le monde en Europe désire un ordre de choses qui puisse être stable et entretenir une longue paix. Or, il n'y a de stable que ce qui est basé sur un intérêt général : les traités que la force impose sont toujours rompus par une force nouvelle. La bonne foi des hommes est une chose admirable, sans doute ; mais s'en remettre à elle, ce serait bâtir sur un sable mouvant ; et l'on sait à quoi s'en tenir sur la formule banale de bonne amitié qui commence tous les traités.

Jusqu'à l'avènement de Philippe V au trône d'Espagne, au commencement du dernier siècle, les relations de cette puissance avec la France ne furent jamais bien étroites, malgré le mariage de Louis XIV avec l'infante ; mariage arrêté en 1659, dans l'Ile des Faisans, par le traité des Pyrénées, conclu entre le cardinal Mazarin et don Louis de Haro.

Depuis le règne de Charles-Quint, la balance politique de l'Europe avait toujours penché du côté de la maison d'Autriche. Sous Louis XIV, non-seulement l'équilibre fut rétabli, mais l'influence de la France l'emporta souvent sur celle de l'empire. Avant le règne de ce prince, les Juifs, les Gènois, les Vénitiens, les Portugais, les Flamands, les Hollandais et les Anglais avaient fait tour à tour notre commerce. Quand Louis XIII monta sur le trône, la France ne possédait pas un vaisseau. En 1637, toute la réunion de ses forces militaires n'excédait pas quatre-vingts mille hommes effectifs, et son revenu ne s'élevait pas au-delà de quarante-cinq millions. Alliée à la Suède, à la Hollande, à la Savoie et au Portugal, long-temps elle avait soutenu contre l'Empire et l'Espagne une guerre ruineuse, dans laquelle on s'était fait de part et d'autre beaucoup de mal sans parvenir à aucun résultat sérieux. Les armées étaient devenues beaucoup moins nombreuses que par le passé ; et, depuis le siége de Metz par Charles-Quint, aucun général n'avait vu sous sous ses ordres une armée de cinquante mille hommes.

La grande révolution d'Angleterre n'étendit point sur le continent une influence égale à celle produite par la révolution française. Cromwel était tout puissant; la France et l'Espagne se disputèrent l'honneur de son alliance : la France obtint la préférence. Après avoir pris aux

Espagnols la Jamaïque, que les Anglais ont toujours conservée depuis, Cromwel conclut en 1655 un traité dans lequel le Protecteur reçut de Louis XIV le titre de frère; et, pendant le cours de la négociation, le cardinal de Mazarin refusait une de ses nièces à Charles II, héritier légitime du trône d'Angleterre.

En signant le traité des Pyrénées, l'Espagne ratifia le traité de Munster : elle cessa d'avoir des prétentions sur les Pays-Bas et la Flandres; le Roussillon et l'Artois furent définitivement réunis à la couronne de France. L'acquisition de Dunkerque, la fermeté de Louis XIV à faire respecter le nom français, et la satisfaction qu'il exigea du pape, disposèrent tous les esprits en faveur de ce brillant monarque; et l'éclat de ses conquêtes éblouit trop les yeux, pour que l'on pût voir quel en devait être le prix. Rarement un état gagne une province sans perdre une liberté.

Le traité de Breda, signé le 31 juillet 1667, sous la médiation de la Suède, fut divisé en trois actes, dans lesquels l'Angleterre traita séparément avec la France, le Danemarck et la Hollande.

L'Angleterre, la Hollande et la Suède, ef-

frayées des premières conquêtes de Louis XIV,
se liguèrent contre lui , et formèrent *la
triple alliance ;* mais le traité d'Aix-la-Chapelle, signé le 2 mai 1668, rétablit la paix
entre ces puissances. Le roi de France n'y profita point de ses avantages. Une partie de la
Flandre , plusieurs villes, et notamment Lille ,
lui furent effectivement cédées ; mais il rendit
la Franche-Comté aux Espagnols, contre l'avis
de M. de Turenne.

A cette époque , l'or de l'Angleterre n'était
pas le conseiller intime de tous les cabinets.
Cette puissance recevait au contraire des sommes énormes de la France pour se retirer de
la triple alliance qui s'opposait toujours aux
desseins de Louis XIV sur la Hollande. Une
nouvelle guerre fut une suite de nouvelles conquêtes ; elle commença en 1672. Ce fut pendant cette guerre, que les Hollandais rétabli-
ent le Stathoudérat qu'ils avaient aboli. La
même campagne vit la mort de Turenne et la
retraite du grand Condé. Des conférences eurent lui à Nimègue en 1675 ; elles se prolon-
gèrent , sous la médiation anglaise , jusqu'au 10 août 1678. La veille toutes les négociations étaient rompues. La paix fut conclue

au grand mécontentement de l'Angleterre.

Il y eut deux traités signés à Nimègue avec les Hollandais : l'un, *la Paix d'alliance*, leur restituait tout ce qui leur avait été pris, et donnait main-levée au prince d'Orange des biens qu'il possédait en France ; le second traité, dit *Traité de commerce, navigation et marine*, offre sur ces trois matières une espèce de code des nations, auquel on s'est souvent référé depuis.

Ces traités entre la France et la Hollande, furent suivis d'une foule d'autres traités qui n'en étaient que la conséquence. Les principaux eurent lieu entre Brunswick, la France et la Suède; l'evêque de Munster et la France; l'électeur de Brandebourg, la France et la Suède; la France et le Danemarck; le Danemarck et la Suède; la Suède et la Hollande. Le plus important pour la France fut entre elle et l'Empereur. Les Espagnols abandonnèrent la Franche-Comté en échange de quelques villes qu'ils avaient cédées par le traité des Pyrénées.

En 1681, après le châtiment des puissances barbaresques et l'humiliation du doge de Gènes, Louis XIV, sans faire la guerre, ayant adopté un système de conquêtes pacifiques, s'emparait, à coups d'ordonnances, des pays qu'il regardoit comme annexes, et dépendances des provinces qui lui avaient été cédés à Nimègue. La Hollande et l'Empereur, pour mettre un terme à ces empiétemens, se liguèrent de nouveau contre lui. L'Espagne, la Russie et les Cercles les plus exposés s'allièrent aussi mais sans agir ; des congrès furent successivement convoqués à Courtrai, à Francfort, à Ratisbonne ; ils ne purent prévenir le commencement des hostilités ; dans l'impossibilité de s'entendre pour une paix définitive, on conclut, en 1684, une trêve de vingt ans qui fut signée à La Haye entre l'Espagne, l'Empire et la France ; celle-ci conserva la majeure partie des possessions qui y avaient été réunies. Cette époque serait, sans la révocation de l'édit de Nantes, celle de la plus grande gloire de Louis XIV.

La trève, conclue pour vingt ans, fut rompue avant la fin de la troisième année ; en 1687, le stathouder Guillaume, prêt à monter sur le trône de son beau-père Jacques II qui avait succédé à Charles II, suscita à Louis XIV la haine de plusieurs souverains et forma la confédération formidable connue sous le nom de ligue d'Augsbourg. Le roi de France y fut désigné comme ambitionnant la monarchie universelle. A peine monté sur le trône d'Angleterre, Guillaume déclare la guerre à la France; la Hollande et presque tous les princes d'Allemagne ne tardèrent pas à suivre son exemple; la guerre devint presque générale; après avoir recherché l'alliance de Cromwel, la France soutint les prétentions de Jacques II. Louis XIV envoya dans le Palatinat une armée qui y remporta de grands avantages, sur terre et sur mer; partout, le succès des premières affaires fut en faveur de ses armes; sous l'appas du partage de l'Espagne, le duc de Savoie entra dans la coalition. Cette guerre fut féconde en grands succès et en grands revers; les avantages en furent nuls pour les souverains; les maux furent affreux pour les peuples. Catinat à Staffarde et à la Marsaille, le maréchal de Luxembourg à Nervinde illustrèrent également les armes française.

De nouvelles négociations furent entamées en 1694. Dès 1690, le roi de Suède avait offert sa médiation. *La neutralité* de l'Italie fut d'abord signée à Turin avec le duc Savoie; Pignerol

qui avait été antérieurement cédée à la France,
fut restituée à ce prince; en échange, il donna
sa fille aînée au duc de Bourgogne, fils aîné
du Dauphin de France. Une telle princesse
valait mieux qu'une ville.

Après ce premier arrangement, les conférences de Riswick devinrent plus actives; en
voyant le duc de Savoie se retirer de la coalition, les autres coalisés craignirent qu'il n'eût
des imitateurs et tous les partis acceptèrent la
médiation du roi de Suède. Les conférences ne
suspendirent point les hostilités, et Louis XIV
refusa l'armistice que demandaient les alliés.
La prise de Barcelone, par le duc de Ven-
dôme, hâta la conclusion des traités qui
furent signés au nombre de trois, vers la fin
de 1697.

La convention avec la Hollande fut un traité
de commerce à l'avantage des Hollandais; ils
y obtinrent des priviléges d'introduction, dont
la durée fut fixée à vingt-cinq ans; ils rendirent Pondichéry. Le roi d'Espagne rentra dans
une grande partie de ses domaines des Pays-
Bas et dans toutes ses places de la Catalogne.
Le prince d'Orange fut reconnu roi d'Angleterre, et Louis XIV s'engagea à ne plus le troubler dans la possession des trois royaumes. Le
traité avec l'Allemagne, commun aux princes

qui avaient pris part à la guerre, ne fut terminé que deux ans après, et l'on viola de nouveau, sous prétexte de les interpréter, les conditions du traité de Westphalie.

Déjà une nouvelle cause de guerre était couvée par toute l'Europe; déjà l'on commençait à convoiter la succession de Charles II, roi d'Espagne, de Naples et de Sicile; souverain de la Flandre, d'une partie de l'Italie, de plusieurs îles dans l'Océan et la Méditerranée, des Philippines, dans la mer des Indes; maître du Mexique et du Pérou, dont il prenait le titre d'empereur. On prévoyait sa fin prochaine, et il était sans enfans. Les Anglais et les Hollandais n'ayant aucun droit dans cette immense succession, en résolurent le partage : ils donnaient le trône d'Espagne au prince électoral de Bavière, Joseph-Ferdinand-Léopold, petit neveu de Charles II; au Dauphin, fils de Marie Thérèse, reine de France, héritier de droit, les royaumes de Naples et de Sicile, avec quelques villes en Espagne; ils disposaient du duché de Milan en faveur de l'archiduc Charles, fils de l'empereur Léopold. La grande crainte était la réunion des deux couronnes de France et d'Espagne sur la même tête. Irrité de voir ainsi partager ses états de son vivant, Charles II, dans un premier testament, institua le prince de Bavière, son unique héritier. Ce prince mourut, en 1699, à l'âge de sept ans. Le stathouder-roi fit alors un nouveau partage par suite duquel l'archiduc recevait la couronne d'Espagne; et l'on ajoutait la Lorraine à ce que le premier partage concédait au Dauphin. Le monarque espagnol, non moins choqué de ce second partage qu'il ne l'avait été du premier, choisit alors pour héritier de toutes ses possessions Philippe duc d'Anjou, fils du Dauphin et petit-fils de Marie-Thérèse. Si Philippe devenait roi de France, le duc de Berri, son frère, lui était substitué. Ce dernier testament, en date du 2 octobre 1700, ne précéda que de peu de temps la mort de Charles II, ce monarque expira le premier novembre suivant.

Chaque siècle est marqué par une grande époque qui sert de point de départ aux historiens; la succession d'Espagne et l'influence subséquente du traité d'Utrecht, qui y mit un terme, sur la politique de l'Europe, fixent l'attention sur le commencement du dix-huitième siècle; l'érection en royaume de l'électorat de Brandebourg, l'apparition dans les affaires de l'Europe, de l'immense puissance de la Russie sont des objets sur lesquels il importe de s'arrêter un moment, puisque ces grands changemens dans la balance de l'ancien monde, l'ont contraint de chercher un autre équilibre que l'on a long-temps regardé comme idéal. Nous remarquerons avec tous les historiens, que tant que Louis XIV fut mu par un esprit de galanterie, il accomplit de grandes choses ; dès qu'il fut soumis à l'empire de la dévotion, il en ordonna de cruelles. Dans la guerre de la succession, les intérêts de sa maison passèrent avant ceux de la France ; il préféra, à l'acquisition définitive de la Lorraine, tant de fois reprise et tant de fois rendue, l'orgueil de voir un prince de son sang assis sur le trône d'Espagne.

Le duc d'Anjou fut reconnu et proclamé à Madrid le 24 novembre ; l'Angleterre, la Hollande, le Portugal, le duc de Bavière, toute l'Italie le reconnurent ; l'Empereur seul fit des protestations. Philippe V, en épousant une princesse de Savoie, resserra les liens qui unissaient déjà les deux familles ; mais à la mort de Guillaume, la reine Anne, sa belle-sœur, qui lui avait succédé sur le trône d'Angleterre, entra avec ardeur dans la nouvelle ligue que l'Autriche suscita à la France ; elle fit revivre les conditions stipulées à La Haye, qui portaient que les alliés s'empareraient des Pays-Bas Espagnols, du duché de Milan, des royaumes de Naples et de Sicile et des ports de la Toscane. L'union de la France et de l'Espagne effraya à un tel point les confédérés, qu'ils convinrent, dans l'article 6 du traité, que les possessions françaises et espagnoles, dont les Anglais et les Hollandais s'empareraient au de-là des mers, demeureraient en propre à ces puissances. On est sûr que l'Angleterre n'est jamais la dernière à remplir de semblables conventions.

La guerre s'était d'abord allumée en Italie : l'Europe fut bientôt trop étroite pour la contenir ; elle s'étendit dans les deux continens et dans les îles. Après des pertes et des avantages long-temps balancés, la victoire semblait vouloir abandonner les drapeaux français, lorsque les mésintelligences survenues en Angleterre entre la faction des Wighs et celle des Torys, la disgrace du duc de Marlborough et la mort de l'empereur Léopold donnèrent une autre face aux conférences de Gertruydenberg. Les alliés changèrent de ton. « On se récria, dit un historien, sur leur injustice et leur arrogance ; on résolut de se sacrifier pour la gloire du Roi et de la France. » Les ministres de Louis XIV donnèrent leur adhésion à ce que la couronne d'Espagne ne pût être réunie à la couronne de France. L'Angleterre, qui avait poussé ses alliés à lui faire la guerre, écouta

malgré eux des propositions de paix. Des préliminaires furent signés vers la fin de 1711 entre ces deux puissances; et le congrès d'Utrecht
s'ouvrit avec l'année 1712. Quatre-vingts plénipotentiaires, ambassadeurs, députés, agens,
chargés d'affaires, s'y trouvèrent réunis. Cependant les hostilités continuaient.

Plusieurs années désastreuses et de nombreux revers avaient réduit la France à la nécessité d'une paix trop désavantageuse, pour
que Louis XIV eût jamais voulu y souscrire :
Il avait rejeté les préliminaires qu'on lui avait
proposés. Accablé sans être abattu, ce monarque expiait avec dignité l'orgueil de ses
conquêtes; bientôt il cessa d'écouter la voix
de l'intrigue, réduisit au silence les courtisans
qui l'entouraient, et donna le commandement
à Villars. La France fut sauvée : la journée de
Denain fit oublier celles de Malplaquet et d'Ou-
denarde; le duc d'Albermale et le prince Eugène apprirent qu'il n'est jamais prudent, à
quelqu'état que la France soit réduite, de ne
lui laisser de salut que dans la victoire. Une
armistice suivit de près la bataille de Denain;
et des traités signés à Utrecht ramenèrent encore la paix en Europe. Les conditions de ces
traités ont servi de base à toute la politique du
dix-huitième siècle, comme celles du traité de

Westphalie en avaient servi à la politique du dix-septième. Ces traités servent en quelque sorte d'introduction et de clôture au règne de Louis XIV. C'est en comparant les stipulations contenues dans l'un et dans l'autre, que l'on peut suivre la marche de l'élévation ou de l'abaissement, des intérêts et des prétentions des souverains de l'Europe, et aprécier aujourd'hui quelle marche leur a fait perdre ou augmenter leur puissance, d'où sont nées ces prétentions et sur quoi elles sont fondées.

L'empereur Charles VI, qui avait succédé à Léopold, fut le seul prince qui n'accéda point au traité d'Utrecht, mais la prise de Fribourg et de Landau lui ouvrit les yeux. Ce fut à Rastadt que le prince Eugène et le maréchal de Villars, après s'être fait la guerre avec tant de talent, signèrent les préliminaires qui servirent de base à la diète convoquée à Bâle, vers le milieu de l'année 1714, pour y régler les intérêts de l'Empire et des Princes d'Allemagne. Cinq traités furent signés à Utrecht. Celui de Bâle fut le sixième : il fut suivi d'une paix générale dont les vainqueurs et les vaincus avaient un égal besoin.

Nons pensons qu'il est nécessaire de jeter ici un coup-d'œil sur les principales stipulations contenues dans ces six traités.

1°. *Traité avec la Savoie.*

Victor Amédée recouvre le comté de Nice, la Savoie et leurs dépendances ; les Alpes marquent les limites du Dauphiné et du Piémont ; les sommités de ces montagnes sont partagées ; les couronnes d'Espagne et des Indes sont reversibles sur la tête du duc, dans le cas où Philippe V n'aurait pas de descendans. On lui cède l'île et le royaume de Sicile.

2°. *Traité avec le Portugal.*

Il n'entrera pas plus de six vaisseaux de guerre français dans les grands ports du Portugal ; la France cède à ce royaume la rivière des Amazones et les forts qui l'avoisinent.

3°. *Traité avec l'Électeur de Brandebourg.*

Des dépendances considérables, détachées des Pays-Bas espagnols, sont cédées à l'électeur de Brandebourg : la France et l'Espagne le reconnaissent roi de Prusse, et il a droit à tous les honneurs dus aux têtes couronnées.

4°. *Traité avec la Hollande.*

Ce traité se divise en deux parties : l'une se compose d'un traité de commerce à peu près semblable à celui de Nimègue; il est encore plus favorable à la Hollande, puis qu'il y est convenu que cette puissance jouira en Espagne des mêmes avantages que la France.

Le traité politique fixe la ligne frontière de la Hollande et stipule l'évacuation immédiate des villes occupées par les troupes françaises, avec cette clause, qu'aucune de ces villes ne pourra jamais appartenir à un Prince de la maison de Bourbon.

5°. *Traité avec l'Angleterre.*

Comme avec la Hollande, deux traités furent conclus avec l'Angleterre; dans le traité de commerce, divisé en trente-neuf articles, le taux des droits, les prohibitions, l'affranchissement, la qualité des marchandises et leur espèce y sont minutieusement détaillés; c'est la première convention de ce genre qui ait jamais été conclue; puisse-t-elle être la dernière! et quoi que la lettre en semble dictée par la Justice, on croit, dit M. Anquetil, y apercevoir des conditions qui préparaient pour la suite les avantages de l'Angleterre au sujet de l'introduction en France des marchandises anglaises.

L'autre traité avec l'Angleterre, intitulé *Traité de paix et d'amitié,* contient pour cette puissance des avantages plus évidens et non pas moins funestes. La France y renonce à toute innovation en matière de commerce et de navigation qui pourrait, en Espagne, être utile à la maison de Bourbon (1), à tout droit sur l'Espagne, et garantit la succession au trône anglais dans la ligne protestante. Elle s'engage à faire raser et ruiner à ses dépens les fortifications de Dunkerque, ville que Louis XIV avait payée cinq millons aux Anglais, et à laquelle il avait ajouté des travaux considérables. La baie d'Hudson, l'Acadie et Terre-Neuve furent reconnues possessions anglaises. Enfin', dans un traité entre l'Angleterre et l'Espagne, celle-ci lui cède Gibraltar, Minorque, avec Port-Mahon et sa forteresse.

---

(1) Lors de la conclusion de la paix d'Utrecht, l'Angleterre était déjà une nation, tandis que le reste de l'Europe n'était composé que de monarchies absolues, si l'on en excepte la Suisse et quelques petites républiques d'Italie. Le peuple anglais avait une représentation et des lois égales pour tous les citoyens, tandis que la loi commune des autres peuples était l'obéissance ; l'esprit public jetait dans ce pays les profondes racines d'une longue prospérité. Déjà l'Angleterre visait au monopole universel ; déjà les branches de son commerce s'étendaient dans toutes les parties du monde ; déjà elle rêvait l'envahissement successif des meilleures colonies ;

6° *Traité avec l'Empire.*

Les plénipotentiaires, ministres et agens de toutes les parties de l'Allemagne et de l'Italie assistèrent au traité de Bâle. La France et l'empire s'y firent des restitutions réciproques ;

---

déjà les choses y étaient plus que les hommes, et seule elle jouissait des bienfaits d'une constitution ; son système pouvait être suivi, parce qu'il ne changeait pas avec les ministres qui en avaient la direction. Combien de temps l'Europe n'a-t-elle pas été sans s'en apercevoir ! N'avons-nous pas entendu dire à certains politiques : « A la mort de Pitt vous verrez décroître l'Angleterre ? » Ces assertions se sont renouvellées quand Fox l'a remplacé à la tête des affaires, et toujours avec aussi peu de fondement ; on y change les ministres, mais jamais le ministère ; comme l'opposition n'en reste pas moins opposition quand son chef l'abandonne pour un portefeuille.

Jusqu'à ce jour, il n'en a pas été de même en France, où presque toujours un système est rejeté avec son auteur, un parti détruit avec son chef. Ce n'est pas louer l'Angleterre aux dépens de la France que d'admirer et d'envier ses institutions et l'esprit public qu'elles engendrent. Sans cet esprit public quelle puissance continentale n'eût pas été culbutée sous une dette bien inférieure à la dette anglaise. Nous avons eu la preuve, et par l'Angleterre et par nous-mêmes, que telle est la force d'un gouvernement constitutionnel, qu'il voit

l'électeur de Trèves, le prince Palatin, le grand-maître de l'ordre Teutonique, rentrèrent dans les états que la France leur avait pris ; la maison de Bavière fut rétablie dans tous ses droits et dignités ; les Pays-Bas que l'électeur possédait jusqu'à la paix retournèrent à la maison d'Autriche, excepté les portions qui en avaient été distraites pour le roi de Prusse ; l'empereur

---

son crédit croître avec sa dette. Il me semble qu'en France, où l'on parle beaucoup de l'Angleterre, on a peu réfléchi sur cette nation ; on blâme souvent ce qu'elle a de bien pour admirer ce qu'elle a de blamable ; au lieu de lui reprocher sa prévention envers les étrangers, imitons cette prévention ; qu'elle s'attache surtout aux produits de ses manufactures ; adoptons ce patriotisme exclusif admirable même dans son injustice, et soyons convaincus qu'on ne peut avoir le cœur français lorsqu'on porte des étoffes fabriquées à Londres. N'empruntons point toutefois aux esprits turbulens ces dénominations d'ennemis irréconciliables, mais voyons dans l'Angleterre une rivale, jalouse de toute industrie ; sachons apprécier la préférence que nous donne cette jalousie ; elle est fondée sur ce que nos manufactures tiennent le premier rang en Europe. l'Angleterre ne peut plus augmenter la valeur intrinsèque de son industrie, mais elle lui donnerait une valeur relative, effrayante, si elle parvenait à mettre un obstacle aux concurrences continentales. Au point où en sont les choses, les métiers de Rouen et de Lyon lui portent plus d'ombrage que quatre places fortes.

gagna les royaumes de Naples et de Sardaigne, le duché de Milan, les ports et les côtes de la Toscane.

Il arriva, ce qui arrive toujours après des commotions générales : lorsque les grandes puissances furent d'accord, les intérêts des petits princes furent sacrifiés ; on les avait contraints à la guerre, on les contraignit à la paix, avec les conditions qu'il plut de leur imposer.

Telles furent, après des guerres moins gigantesques, mais aussi générales que celles de la révolution, les principales conditions qui y mirent un terme entre la France, l'Espagne, la Savoie, le Portugal, l'Empire, la Prusse, la Hollande et l'Angleterre. Toutes les puissances qui se disputaient la succession d'Espagne y jouèrent le rôle des plaideurs, et ils eurent pour juge la Grande-Bretagne, dont la politique a toujours su profiter des querelles du continent même lorsque, par hasard, elle n'avait pas fomenté ces querelles.

Pressés d'arriver aux intérêts du moment, nos lecteurs trouveront peut-être que nous nous sommes trop arrêtés au commencement du dernier siècle, mais il fallait bien suivre la marche de nos relations politiques et marquer les variations qu'elles ont éprouvées. Dans une très-prochaine livraison nous completterons cette introduction à *l'Observateur au Congrès*. On pourra remarquer dans le dix-huitième siècle comme dans le dix-septième, que la France a presque toujours eu la gloire des événemens, et l'Angleterre l'avantage des résultats. Mais on remarquera aussi que les intérêts de la France sont tellement liés à ceux d l'Europe, que rarement elle a soutenu des guerres sans que ces guerres soient devenues générales, et que toujours l'intérêt de commun l'a maintenue ou ramenée au premier rang des grandes puissances; jamais un seul état ne s'est mesuré avec avantage contre elle : il a fallu toute l'Europe pour l'abattre, et la force des choses qui l'exhausse toujours est plus durable que celle des hommes. On ne peut s'empêcher d'admirer l'étrange bizarrerie du sort et l'inconcevable destinée des empires. Sans parler ici des grands événemens de nos jours, n'est-ce pas un singulier spectacle que de voir l'arrière petit-fils du marquis de Brandebourg, et des puissances peu connues il y a deux siècles, appelés à prononcer sur les intérêts de la France dans cette même ville où, à huit siècles de distance, Charlemagne et Louis XIV décidèrent en maîtres des intérêts de l'Europe.

Avec Louis XIV mourut en France cet esprit de grandeur qui avait ébloui tous les yeux; il renaquit près d'un siècle après. C'est entre les maisons de France et d'Espagne que les liens de parenté étaient le plus étroits, et ce fut entre ces deux maisons que la guerre recommença. Ces stipulations de familles et ces alliances seraient favorables au maintien de la paix, si les peuples étaient appelés à signer au contrat de mariage des rois. Les Turcs, qui auraient pu faire une puissante diversion en appelant les forces de l'Empire sur la Bohême et la Hongrie, ne se mêlèrent point aux guerres de la succession. Pouvant accabler de leurs armées tous les points dégarnis du territoire de l'Empire, ils attendirent que cette puissance eût des forces considérables à leur opposer. On vit alors ce qu'on a vu depuis : la Porte paya à Passarowitz sa neutralité, en cédant à l'Empereur, Belgrade et Temeswar. Les Vénitiens, au secours desquels l'armée ottomane était venue, perdirent la Grèce, et cette contrée ne fit que changer de maître. Nous avons vu de nos jours la Prusse écrasée à Jéna, pour avoir été, l'année précédente, tranquille spectatrice de la campagne d'Austerlitz.

Depuis l'année 1715 jusqu'à l'époque où des

idées de liberté germèrent dans toute la France, et de là se répandirent dans tout le monde, tous les faits particuliers à ce royaume sont marqués au coin de la petitesse et de la mesquinerie. Le génie fit place à l'esprit, le libertinage remplaça la galanterie, les beaux-arts et les modes mêmes ne purent échapper à l'influence du temps; l'hypocrisie fit place à l'effronterie, et le vice ne connut plus d'autre honte que celle d'être surpassé. Les rapides fortunes de la banque de la rue Quincampoix donnèrent à l'argent le premier rang parmi les mobiles des hommes, et la France, après avoir perdu son influence politique, perdit sa considération fluence morale.

Dans la guerre avec l'Espagne, le régent remporta des avantages sur terre et sur mer, et borna ces avantages à exiger par un traité le renvoi d'un ministre; cependant Fleury et Robert Walpole, qui dirigeaient les affaires de France et celles d'Angleterre, étant tous deux d'une humeur pacifique, depuis le traité d'Utrecht jusqu'en 1733, la paix ne fut qu'accidentellement troublée en Europe par les guerres passagères de 1718 et de 1726. C'est dans cet intervalle qu'un homme, sorti du nord, vint étudier la civilisation en Europe, et posa les premières bases de la puissance russe. Avant Pierre , la Russie passait pour un peuple sans lois et sans discipline. Ce peuple était répandu dans d'immenses déserts , tels que de tout temps ont été les Tartares. La Russie était si étrangère à la France que , lorsqu'en 1668 Louis XIV reçut une ambassade moscovite , une médaille fut frappée pour célébrer cet événement extrordinaire. Une autre médaille fut frappée depuis en présence du Czar ; elle eut pour exergue : *vires acquirit eundo.* On ne croyait pas si bien prédire.

Cette même époque vit aussi l'Angleterre gagner sur mer la puissance que la Hollande perdait insensiblement. La Suède languissait, le Danemarck était florissant , l'Amérique nourrissait l'Espagne et le Portugal , la Prusse songeait à s'agrandir, l'Empire se trouvait dans le même état, enfin tout était paisible quand la mort d'Auguste II , roi de Pologne, électeur de Saxe , replongea l'Europe entière dans de nouvelles guerres.

En 1634 , on vit la singulière alliance de l'Autriche et de la Russie. Lecksinski, beau-père du roi de France, deux fois roi, fut deux fois dépossédé. Dix mille Russes dispersèrent toute la noblesse de Pologne ; par le traité de

Vienne, dont les préliminaires furent signés le 3 octobre 1635, mais qui ne fut définitivement conclu que le 19 novembre 1738 : cette querelle fut enfin terminée. Le traité de Vienne amena de grands changemens en Italie. Dom Carlos, second fils du roi d'Espagne, fut reconnu roi de Naples et de Sicile. La maison souveraine des princes Lorrains reçut la Toscane en dédommagement de la Lorraine, dont Stanislas eut la jouissance pour prix de sa renonciation au trône de Pologne. La toute propriété de la Lorraine en fut éventuellement cédée à la France, avec celle du comté de Bar. Le duc de Savoie, déjà reconnu roi de Sardaigne, gagna quelques agrandissemens en Italie. Le traité de Vienne fut le seul important où l'Angleterre n'intervint pas, et c'est le seul aussi où la France ait eu, avant la révolution, des avantages réels.

La guerre s'étant rallumée entre les Turcs et l'Empereur, sans le consentemeut des princes de l'Empire, la France y mit fin, comme médiatrice, dans le cours de l'année 1739.

La mort de l'empereur Charles VI, arrivée au mois d'octobre 1740, ouvrit l'immense succession de la maison d'Autriche, pour laquelle quatre compétiteurs se mirent sur les rangs :

Marie - Thérèse, fille aînée de Charles VI;
Charles-Albert, électeur de Bavière, qui fondait ses prétentions sur un testament de l'empereur Ferdinand I, frère de l'empereur Charles-Quint; Auguste III, roi de Pologne, électeur de Saxe, comme ayant épousé la fille aînée de l'empereur Joseph II; et enfin le roi d'Espagne, qui se présentait comme héritier des droits de la femme de Philippe II, fille de l'empereur Maximilien II. Il ne fallait pas une telle complication de prétentions pour que les prétendans eussent recours à la force.

Les partis étaient en présence, lorsque la Prusse, qui dès l'année 1701 avait été érigée en royaume par Léopold, en faveur de Frédéric-Guillaume, électeur de Brandebourg, éleva des prétentions sur la Silésie et sur quatre duchés. Marie – Thérèse entra en possession le 7 novembre 1740; elle sut se faire aimer des peuples, sa cause triompha; elle avait épousé le grand - duc de Toscane. On voulut mettre sur les drapeaux prussiens : *pro deo et patriá;* Frédéric III raya *pro deo*, disant qu'on ne devait point mêler le nom de Dieu dans la querelle des hommes, et qu'il s'agissait d'une province et non de la religion. Il avait tellement à cœur la possession de la Silésie, qu'il fit offrir à Marie-Thérèse d'appuyer toutes ses prétentions si elle voulait la lui céder : Marie-Thérèse refusa.

Frédéric fit porter, devant son régiment des gardes, l'aigle romaine au haut d'un bâton. Cette nouveauté, dit Voltaire, lui imposait la nécessité d'être invincible ; il le fut à Molvitz, et cet événement devint le signal d'un embrasement universel. Étrange grandeur des Romains ! elle devait donc tant de siècles après renaître avec leurs insignes ! La France s'unit à la Prusse et à la Pologne en faveur de Charles Albert, reconnu empereur par ces puissances sous le nom de Charles VII. La fortune sourit d'abord à ce prince, mais bientôt elle l'abandonna.

Pendant que l'Europe négociait, Marie-Thérèse mettait son plus ferme espoir, non dans des alliés qui pouvaient l'abandonner ou lui faire payer cher leur dangereuse alliance, mais dans le patriotisme généreux des Hongrois. L'histoire offre peu de tableaux aussi sublimes que le spectacle d'une reine, mettant sous la sauve garde du peuple, son fils encore au berceau. « Nous mourrons pour *notre roi* Marie Thérèse » fut le serment de toute la Hongrie. Ne pouvant cependant soutenir seule le poids de la guerre, elle voulut animer en sa faveur l'Angleterre et la Hollande; les Anglais prirent part à la guerre, on se battait en Italie, l'Infant Dom Philippe s'était emparé de la Savoie; le prince de Conti força le passage des Alpes; Charles Albert avait bien reçu le titre d'empereur, mais il avait perdu ses États comme électeur de Bavière; la perte de la bataille de Dettingue acheva de ruiner ses affaires; la Flandre et l'Alsace étaient menacées et bientôt une armée autrichienne forte de soixante mille hommes, entra dans cette province sans éprouver de résistance.

Marie-Thérèse n'était qu'une femme, mais elle triompha de tous les obstacles, parce qu'à un grand courage, elle joignait une volonté forte, parce qu'elle avait mis dans son peuple sa principale confiance.

Presque tous les princes de l'empire étaient soudoyés par l'Angleterre et par la France, qui achetaient des partisans en Allemagne. La mort de Charles Albert ne mit pas un terme à la guerre que l'on soutenait pour lui, et comme l'électeur de Saxe, roi de Pologne, refusa la couronne impériale, le roi de France se trouva dans la nécessité de continuer la guerre, même lorsqu'il fut abandonné de ceux pour lesquels il l'avait entreprise. Cela peut donner une idée du talent de ceux qui dirigeaient alors les affaires.

Il était dans les destinées de la France de devoir souvent son salut au gain d'une bataille; la célèbre journée de Fontenoy ayant rangé la victoire sous ses drapeaux, elle se trouva en position de demander la paix; la prise de Melle et celle de Gand, rendirent son attitude encore plus favorable. Le grand duc de Toscane venait enfin d'être élu empereur sous le titre de François II, ce qui n'empêchait pas le roi de Prusse de continuer ses avantages, et il sut en profiter. Entré dans Dresde, le 18 décembre 1746, il y conclut la paix avec l'Autriche et la Saxe, le 25 du même mois, de sorte que la France resta seule chargée de tout le poids de la guerre. Cette guerre n'avait plus pour objet que de forcer la reine de Hongrie, par ses pertes en Flandre, à céder ce qu'elle disputait en Italie. Lorsque les armées françaises se furent emparées de Bruxelles et de plusieurs autres villes, l'empire resta neutre. Mais pendant que la France triomphait sur le Rhin, les affaires d'Italie étaient dans un état déplorable. De grands désastres avaient succédé à de brillans succès; les Piémontais et les Autrichiens étaient entrés en Provence ; Gènes était en révolution ; et les Anglais avait fait un débarquement en Bretagne. La Porte avait offert sa médiation ; sans cesse Louis XV proposait la paix que l'on refusait toujours ; il prit le Brabant, et ce fut encore en vain qu'il envoya des ministres plénipotentiaires à Breda.

Le prince Charles Édouard vit à cette même époque tomber toutes ses espérances ; trahi par la fortune, il le fut aussi par ses alliés qui le livrèrent après avoir soutenu ses droits ; et l'on sait que le droit sans force n'est bientôt qu'une prétention.

Les avantages de la France avaient reçu une nouvelle extension à la bataille de Laufeld et à la prise de Berg-ob-Zoom ; les Russes d'ailleurs s'étaient mis en marche pour venir au secours de leurs alliés ; tandis que l'on poussait avec vigueur le siège de Maëstricht, les Anglais étendaient au loin leurs conquêtes : les mers et les colonies étaient sous leur influence, et ils achevaient de détruire la marine française appauvrie par l'économie du cardinal de Fleury. Les Anglais jetaient dans les Indes les fondemens de leur puissance actuelle ; et nous perdions au-delà des mers en avantages solides tout ce que nous gagnions sur le continent en succès plus brillans qu'utiles.

Enfin, des conférences s'ouvrirent à Aix-la-Chapelle, dans cette ville où les souverains, qui y sont aujourd'hui réunis, viennent, dans la première séance qu'ils ont tenue, le premier octobre, de prononcer définitivement sur l'évacuation du territoire français. Ce fait est trop important pour que nos lecteurs ne nous pardonnent pas d'avoir anticipé sur les événemens pour leur donner cette assurance.

Ce fut le 16 octobre 1748 que fut signé le traité d'Aix-la-Chapelle ; et ce n'est pas sans raison que les historiens ont loué à cette occasion la modération de Louis XV. Il ne voulut rien pour la France. Dom Carlos fut reconnu souverain des royaumes de Naples et de Sicile ; dom Philippe eut Parme, Plaisance et Guastalla ; Gènes rentra dans tous ses droits, et Modène retourna au duc de Modène. Le roi de Prusse conserva la Silésie qu'il avait envahie ; le roi de Sardaigne fit payer son alliance à Marie-Thérèse qui lui céda une partie du Milanais : l'Angleterre perdit beaucoup ; mais comme elle avait causé au continent des maux plus cruels encore que ceux qu'elle avait soufferts, elle ne crut pas avoir perdu.

Depuis 1748 jusqu'à 1755, la paix ne fut point troublée en Europe, et les peuples s'adonnèrent à la culture des beaux-arts et aux pacifiques conquêtes de l'industrie, lorsque des différens survenus à l'occasion de quelques portions de terre situées dans le Canada, entre les commissaires français et anglais, rallumèrent de nouveau la guerre. Pendant les négociations, les Anglais faisaient construire clandestinement des forts sur les terres des français voisines de l'Acadie. Jusqu'à cette époque, la guerre continentale avait entraîné la guerre coloniale; alors ce fut la guerre coloniale qui précéda et produisit celle dont fut incendié le continent. Bientôt la prise de Port-Mahon illustra de nouveau le nom de Richelieu; on se battit en Allemagne où Frédéric résista seul à la maison d'Autriche, à l'Empire, à la Russie et à la France. Mais ce royaume éprouvait de grands désastres dans les quatre parties du monde; la Suède et la Russie quittèrent la grande alliance, et la perte des Indes abattit pour un moment le courage français. L'Espagne et la France s'unirent en 1763 par un pacte de famille; et le traité de Paris, du 10 février 1761, mit un terme à la guerre de sept ans. Ce traité fut d'abord conclu entre la France, l'Espagne et l'Angleterre ; le Portugal y accéda par un acte particulier du même jour. Le 15 février de la même année d'autres traités furent signés entre l'Impératrice-Reine et le roi de Prusse, et entre la Prusse et la Pologne.

La France paya bien cher l'inexpérience de ses chefs et la fatale influence d'une femme dans les affaires du gouvernement. Louis XV céda aux Anglais l'Acadie, la Nouvelle-Ecosse, le Canada et toutes ses dépendances, l'île du Cap-Breton, toutes ses autres îles dans le golfe de Saint-Laureut ; mais en échange la France conserva le droit de pêche à trois lieues de ces îles. L'Angleterre acquit en outre Grenade et les Grenadines, et l'entière possession de Saint-Vincent, de la Dominique et de Tabago, dont la jouissance avait été jusques là commune aux deux nations ; un commissaire anglais fut autorisé à présider à la démolition de Dunkerque. En Afrique l'Angleterre garda le Sénégal ; tout, dans l'Inde, fut remis *in statu quo ante bellum*, avec cette clause, qui n'a pas besoin d'explication, que la France ne pourrait y envoyer de troupes. Minorque et le fort Saint-Philippe furent restitués à l'Angleterre ; la France non-seulement rendit tout ce que ses armées avaient occupé en Allemagne, mais ce fut elle qui paya les frais du traité conclu entre l'Angleterre et l'Espagne ; elle donna à cette dernière puissance la Louisiane, et les Espagnols cédèrent la Floride aux Anglais. C'est toujours en rappelant le traité de Westphalie que l'Angleterre s'est fait reconnaître maîtresse de toutes ses possessions ; et, lorsque ce traité fut conclu, elle ne possédait hors de chez elle que Jersey et Guernesey ; comparez ! L'île de Corse fut reconnue possession française.

Deux autres grands événemens influèrent avant la révolution française sur la politique de l'Europe : le partage successif de la Pologne, régénérée de nos jours par une constitution libérale présentée par Alexandre, et la guerre des Etats-Unis d'Amérique. Si bien que les trois puissances qui, avec l'Angleterre, jouissent des bienfaits d'un gouvernement représentatif, sont : la France, les Etats-Unis et la Pologne, qui, toutes trois, ont été récemment agitées par des révolutions. N'y a-t-il pas dans cette triple coïncidence d'événemens et de résultats, de causes et d'effets un éternel sujet de méditations ?

Il nous semble que, d'après la forme seule de l'ancien gouvernement de la Pologne, ce royaume devait être le premier rayé de la liste des nations. Un gouvernement électif est toujours un motif de guerre entre des voisins qui veulent influer sur les élections ; il arrive ensuite que les frais de la guerre doivent être supportés par le souverain élu ; épuisé d'argent il cède des provinces : tôt ou tard il veut les reconquérir ; on lui oppose de nouveaux compétiteurs, et il ne se maintient qu'avec de nouveaux sacrifices. D'autres puissances se font la guerre entre elles ; et, pour terminer à l'amiable ces nouveaux différens, on résout un partage, et chaque souverain consent au démembrement, pourvu qu'il en ait sa part : telle fut l'histoire de la Pologne. Les monarchies absolues n'ont pas besoin de frontières invariablement fixées, et rien ne dit en effet qu'un monarque étendra son pouvoir entre tel fleuve et telle montagne ; mais, quand le peuple est associé au gouvernement par des représentans, les mêmes lois, les mêmes mœurs, les mêmes usages, les mêmes intérêts, le même langage constituent les citoyens d'une même nation.

Ce furent deux femmes, Marie-Thérèse et Catherine qui contribuèrent le plus au démembrement de la Pologne. Ce fut entre ces deux impératrices et le roi de Prusse que le partage d'une grande partie de ce royaume fut arrêté le 14 mai 1773. Vingt ans plus tard, les Polonais cédèrent encore à la Russie une moitié de la Lithuanie ; ce traité fut signé à Grodno, le 13 juillet 1793 ; par un second traité signé aussi à Grodno, le 25 septembre suivant, la Prusse devint maîtresse d'une partie de la Grande-Pologne ainsi que des villes de Dantzick et de Thorn. Le 3 janvier de l'année suivante, l'Autriche et la Russie conclurent à Saint-Péterbourg un arrangement qui prononçait le démembrement général de toute la Pologne, et déterminait la portion de territoire qui reviendrait à la Prusse. Le 24 octobre 1795, ces trois puissances arrêtèrent, dans une convention conclue également à Saint-Pétersbourg, la délimitation de leurs acquisitions respectives en Pologne. Alors le démembrement total fut consommé ; le 25 novembre, Stanislas Poniatowski dernier roi de Pologne résigna sa couronne à Grodno par les ordres de l'impératrice de Russie, et la dernière convention relative à cette malheureuse affaire, fut signée entre la Russie l'Autriche et la Prusse, le 26 janvier 1796. On y assura au roi démissionnaire un traitement de deux cent mille ducats ; Paul Ier régnait depuis le 17 novembre précédent.

Voilà toutes les phases du démembrement de

la Pologne, événement qui a si puissamment influé sur la politique de l'Europe en augmentant la force de l'Autriche et de la Prusse, et en habituant la Russie à tourner vers l'Occident ses regards jusqu'alors fixés vers l'Orient. Cet acte politique est celui où la mauvaise foi s'est mise le plus à découvert et où l'ambition n'a pas même cru devoir alléguer de prétexte.

On sait quel fut le sort de la Pologne jusqu'à l'époque où les drapeaux français flottèrent triomphans dans les murs de Varsovie ; l'opinion entière de l'Europe croyait à la réédification du trône polonais, il n'en fut rien, et ce fut une des plus grandes fautes qu'ait commises Bonaparte. La chute de la Pologne avait opéré un changement politique défavorable aux puissances de l'Occident de l'Europe, et rien n'était plus capable d'en paralyser les effets que la création d'un état libre et indépendant, et non pas celle du grand duché de Varsovie: La Pologne commence une nouvelle ère, et il nous est permis d'être jaloux qu'elle tienne de la Russie un gouvernement qu'elle aurait pu devoir à la France.

Détournons un moment nos regards de l'Europe, pour les porter vers les Américains : Voyons les États - Unis donner à ces vastes contrées le premier signal de la liberté ; et félicitons-nous comme Français d'avoir contribué au succès de la lutte glorieuse que cet état naissant eut à soutenir contre l'Angleterre. C'est pendant que la Pologne s'écroulait en Europe, que l'édifice constitutionnel des États-Unis s'élevait en Amérique : les progrès de cette puissance fédérative ont été tels depuis un demi-siècle, l'air de l'indépendance y a si bien fait croître les fruits du commerce et de l'industrie, que l'on ne saurait embrasser d'un seul coup-d'œil toutes les modifications que l'émancipation de ces peuples a amenées et amène journellement dans le système politique de l'Europe, par rapport aux colonies, et des colonies, par rapport à l'Europe.

Ce fut sous le règne de Louis XVI, en 1783, que le traité de Versailles termina la guerre entre la France et l'Angleterre, à l'occasion des États - Unis. La France avait pris part à cette guerre depuis 1778. Par le traité, l'indépendance des États-Unis fut assurée ; et l'on voit des historiens embarrassés de trouver des titres de gloire à Louis XVI.

Les négociations avaient commencé en 1782 ;
les plénipotentiaires anglais étaient venus à
Paris où se trouvaient déjà réunis, sous la
médiation de l'Empire, ceux de la France,
de l'Espagne et de la Hollande. Le traité entre cette dernière puissance et la France ne
fut conclu que le 20 mai 1784. L'Espagne et
la France se firent quelques restitutions réciproques, et cherchèrent dans une convention
des moyens pour s'opposer à la contrebande
dont les Anglais inondaient les possessions espagnoles. Toute la gloire de la guerre de l'indépendance, et par son motif et par son issue,
appartint à la France ; mais l'Angleterre fut
amplement dédommagée de la perte des États-
Unis. La propriété de Terre – Neuve lui fut
assurée, avantage immense pour son commerce, à l'exception des îles Saint–Pierre et
Miquelon. Toutes les îles adjacentes lui furent
cédées ; et on lui restitua Grenade, les Grenadines, Saint-Christophe, Newis et Monse-
rat. Elle rendit à la France Sainte–Lucie et
Tabago. Tous nos avantages se bornèrent donc
à quelques restitutions compensées et au–delà
par les clauses du traité de commerce ; genre
de traité moins brillant, mais plus utile que
les traités politiques, et dont la base est l'in-

térêt. Ce traité fut conclu en 1786; et l'on vit dans le parlement d'Angleterre M. Pitt compter, dès la même année, parmi les moyens qu'il présentait pour subvenir à l'excédent des dépenses, les conditions qui y étaient stipulées.

Nous arrivons à l'époque la plus intéressante des temps modernes où tout en Europe prit un nouvel aspect. La révolution française n'a pas moins influé sur les autres peuples que sur la France elle-même; et c'est une chose digne de remarque, que c'est la seule grande nation du continent qui se trouve avec les mêmes portions de territoire qu'elle avait en 1789. Elle a presque tout possédé, et il ne lui reste de toutes ses immenses conquêtes que ce qu'il n'est pas au pouvoir des hommes de lui ravir, la gloire. Traversons rapidement les trente dernières années, et cherchons, au milieu de ce dédale de hauts faits et de grands événemens, un fil qui puisse nous conduire, et voyons les principaux traités conclus avec la France, seule contre tous, dans ce période de temps. La France a tellement concentré sur elle l'attention de l'Europe entière, et ses intérêts ont été à un tel point les intérêts de tous les peuples, qu'il n'y a eu de guerres que par elle ou pour elle.

Le 14 septembre 1791, un décret de l'assemblée nationale déclara qu'Avignon et le
comtat Venaissain feraient partie de la France ;
et l'on doit convenir que rien n'était plus contre
nature que cette enclave étrangère. En 1793,
le comté de Nice fut aussi réuni sous le nom
d'Alpes maritimes. Ce fut le 7 mars de cette
même année, que l'Autriche, la Prusse, l'Empire, l'Angleterre, la Hollande, l'Espagne, le
Portugal, les Deux-Siciles, l'État ecclésiastique et le roi de Sardaigne, se coalisèrent
contre la France ; quinze jours après, l'évêché
de Bâle était réuni à son territoire, sous le nom
de Mont-Terrible.

La Prusse fut la première puissance qui reconnut la république française ; et elle obtint par
le traité de Bâle, du 5 avril 1795, l'évacuation
de ses états situés sur la rive droite du Rhin.
Le 16 mai de la même année, un autre traité
fut signé à Paris, entre la France et la Hollande. Par ce traité, qui prononçait l'abolition
du stathoudérat, la Flandre hollandaise fut
cédée à la France. Cette nation acquit aussi,
par un traité signé avec l'Espagne, la partie
espagnole de l'île de Saint-Domingue. Le premier octobre suivant, la Belgique et le pays
de Liège furent réunis à la France, et divisés

en neuf départemens. Ainsi, la Belgique a fait partie de la France pendant dix-neuf années consécutives, depuis 1795 jusqu'en 1814 ; de sorte que toute la génération actuelle, entre 4 et 23 ans, y est née française.

Nous ne suivrons pas nos armées partout triomphantes; nous ne chercherons pas à rappeler les miracles de la première campagne d'Italie, en 1796, et nous ne relaterons point cette foule de traités, imposés par la victoire et toujours rompus, qui ont été successivement signés avec les petits états d'Italie et d'Allemagne. Comme la Prusse avait été la première à reconnaître la république française, l'Espagne, dont le trône était occupé par un Bourbon, fut la première à conclure avec elle, à saint-Ildefonse, le 19 août 1796, un traité d'alliance offensive et défensive. Pendant ce temps-là les Anglais s'emparaient du Cap de Bonne-Espérance et de l'escadre Hollandaise, qui y était stationnée; nous avons perdu toutes nos acquisitions continentales; l'Angleterre a conservé le Cap de Bonne-Espérance.

Le 8 avril 1799, vit se former contre la France une seconde coalition; l'Angleterre, l'Autriche, une partie de l'Empire, Naples, le Portugal, la Russie et la Turquie ne craignirent point de compter pour alliés, ces mêmes puissances barbaresques qui existent aujourd'hui à la honte des grandes puissances. Cette nouvelle coalition ne fut rompue que par le traité de Lunéville, signé le 9 février 1801, entre la France, l'Allemagne et l'Empereur d'Autriche, où la France acquit toute la rive gauche du Rhin, et la paix d'Amiens conclue entre la France, l'Espagne, la Hollande, alors la république batave, et la Grande-Bretagne, le 27 mars 1802. L'île de Ceylan, les possessions hollandaises et la Trinité furent reconnues possessions anglaises, mais l'Angleterre rendit ses autres conquêtes. La république des sept îles fut reconnue et l'on convint même de rendre à l'ordre de Saint-Jean de Jérusalem l'île de Malte occupée par les Anglais; ils n'ont jamais rempli cette clause du traité. La paix avec l'Angleterre ne dura que jusqu'au 16 mai de l'année suivante. On peut regarder le temps de la paix d'Amiens comme l'époque à laquelle la gloire de la France a brillé du plus véritable éclat. Les prestiges de l'Empire ont été plus éblouissans, mais le monde ne pouvait avoir pour la première fois en spectacle un homme de génie que son ambition n'aurait pas perdu. Cette ambition le perdit, et la France vit s'échapper de ses mains, non seulement ces adjonctions impolitiques qui lui avait été faites contre nature, mais aussi la Belgique que sa situation, ses mœurs, ses intérêts, ses habitudes avaient plus faite Française, que ne le peuvent faire tous les traités du monde, mais nous dûmes renoncer à notre influence en Italie, au comté de Nice, à la Savoie. Quelle puissance ce serait aujourd'hui que la France, si elle n'eût jamais cherché à sortir des limites que la nature même semble lui avoir posées : le Rhin, les Alpes, les Pyrénées et les deux mers !

Une politique étroite peut seule croire qu'il est nécessaire de posséder les provinces, pour étendre sur elles son influence ; l'Espagne n'a-t-elle pas été à la disposition de la France tant qu'on a pas voulu la faire Française ? et était-il nécessaire de créer une confédération du Rhin, pour être tout-puissant en Allemagne ? que les Anglais entendent bien mieux l'art de négliger tout ce qui n'est pas utile, afin de conserver plus sûrement les avantages réels.

Nous voudrions ne pas rappeler ces bouleversemens d'État, ces changemens de dynasties, ces créations de rois que le vulgaire a trop admirés, mais que les esprits raisonnables et désintéressés n'ont jamais approuvés ; nous étendons

un voile sur les magiques exploits de nos guer-
riers. L'éclat que ces exploits ont jeté sur la
France est ineffaçable, mais ce n'est pas ici le
lieu de le rappeler puisqu'il ne servirait qu'à
éclairer un étrange contraste. Il y aurait de
l'inconvenance à placer auprès des traités de
de Paris de 1814 et de 1815, ceux de Tilsit
et de Presbourg; il n'est pas nécessaire de
passer par Erfurth pour arriver à Aix-la-Chapelle.

La politique de l'Europe a été entièrement
changée par suite de la révolution française : ce
qu'il nous importe, c'est de voir quel est aujour-
d'hui l'état de cette politique. Soyons bien convaincus d'une chose : c'est que la force d'un État
et la prospérité d'un Royaume ne résultent jamais de l'étendue de ses frontières : la Russie
n'a pas acquis de grandes portions de territoire
sous Pierre-le-Grand; mais c'est par une grande
amélioration dans ses lois et dans son administration intérieure qu'elle s'est élevée au rang
des puissances de l'Europe. Une bonne constitution vaut mieux que douze provinces, et
l'industrie est un champ sans bornes qui ne
refuse jamais ses fruits à ceux qui veulent le
cultiver. Les maux de la révolution sont passés, nous commençons à jouir de ses bienfaits;

les uns ont été grands, sans doute ; mais les autres ne le sont pas moins, et ils seront plus durables. Sans détruire le patriotisme, ces mouvemens de population, portés d'un pays vers un autre, ont rapproché les hommes des différens pays. Partout l'esprit public a fait d'inconcevables progrès, et les souverains de l'Europe, en se réunissant comme ils le font actuellement, donnent un exemple que les peuples doivent suivre. La gloire n'est pas seulement dans le fracas des armes : on n'a jamais dit le siècle d'Alexandre, de César, de Charlemagne et de Gengis, mais bien le siècle de Périclès, d'Auguste, de Léon X et de Louis XIV, parce qu'ils ont protégé les beaux-arts qui ne peuvent fleurir qu'au sein de la paix ; et l'on ne saurait nous opposer les conquêtes de Louis XIV, qui ne peuvent être comparées à celles de nos armées. Dans ce long période de conquêtes terminées par de si grands revers, l'Europe a vu s'élever quatre grands capitaines : Bonaparte, Moreau, le maréchal Souwarow et le prince Charles d'Autriche ; que reste-t-il de leurs exploits ? Alexandre, au contraire, prouve aujourd'hui qu'il ne s'est armé que pour conquérir la paix ; et, s'il est beau de profiter de ses avantages, il est encore plus magnanime de n'en pas abuser. La Russie tient donc aujourd'hui le premier rang en Europe, et l'Europe doit s'en applaudir ; mais, cette prééminence, elle la doit moins à ses forces militaires qu'à l'usage qu'elle en a fait. La Prusse a fait depuis peu d'années des acquisitions trop considérables pour qu'il ne lui soit pas permis d'avoir des craintes pour l'avenir, si jamais elle cessait d'être aussi étroitement alliée avec la Russie, ce qui peut arriver d'un moment à l'autre, puisqu'elle est fondée sur l'amitié réciproque des deux souverains, plus que sur la communauté d'intérêt des peuples. La Turquie ne fait pour ainsi dire plus partie de l'Europe, et ne peut plus guère troubler sa tranquillité dans le nord. L'Allemagne a vu ses électeurs recevoir du gouvernement français le titre de rois, et ce titre leur a été reconnu au congrès de Vienne. Depuis la réunion du Palatinat, en 1778, la Bavière est un royaume dont aujourd'hui l'alliance n'est point à dédaigner. La Saxe a dû sa conservation à l'influence du prince de Talleyrand au congrès de Vienne ; nous ne pouvons nous empêcher d'admirer le talent diplomatique de ce grand ministre, qui, à cette époque, sut aussi faire reconnaître les droits du roi de Naples , lorsque Murat régnait encore de fait.

Tout était réglé au congrès de Vienne , quand les événemens qui suivirent le 20 mars attirèrent sur la France le fléau d'une seconde invasion. Des sommes immenses ont été payées par la France qui a supporté ses revers avec une glorieuse résignation ; cette fidélité à remplir des engagemens onéreux méritait sans doute que les puissances , alliées contre elles, retirassent leurs troupes dans le plus court délai possible ; elles viennent de le faire , ainsi que nous l'avons dit précédemment ; et par une attention qui n'a dû échapper à personne , l'empereur Alexandre n'a point assisté à la conférence où cette détermination a été résolue ; il a voulu en laisser le mérite, aux yeux de la France , à ses augustes alliés.

Au reste, il paraît certain que le congrès ne sera pas d'une longue durée; on regarde déjà comme une chose positive qu'il sera terminé le 18 octobre, jour où les souverains doivent célébrer l'anniversaire de la bataille de Léipsig. Il faut leur savoir gré d'avoir choisi cette époque ; ils ont voulu montrer qu'ils appartenaient à l'humanité , en rappelant le souvenir d'un de nos plus grands désastres. La générosité sans restriction ne saurait être le partage des hommes.

On avait d'abord pensé qu'ils s'occupaient d'autres grands intérêts que l'évacuation du territoire français ; les malheureux auteurs de la *Note secrète* doivent être aujourd'hui dans un cruel état de repentir en voyant que l'infamie volontaire à laquelle ils se sont voués n'a pu être pour eux d'aucune utilité, ils n'auront encouru que les mépris des augustes souverains auxquels ils se sont adressés.

Parmi les questions dont on il paraît que l'on s'occupera à Aix-la-Chapelle, il en est quatre qui nous semblent d'un intérêt majeur, et dont nous nous occuperons plus particulièrement ; ce sont : la création d'un protectorat dans le nord de l'Allemagne, dont le roi de Prusse serait le chef ; le juste châtiment des régences barbaresques ; la querelle des Indépendans d'Amérique avec le Gouvernement espagnol, et les différens survenus entre cette puissance et le Portugal. Nous pourrions ajouter la promulgation des constitutions que réclame la Prusse et les peuples allemands ; mais peut-être est-il nécessaire, pour pouvoir statuer sur cette question, qui, tôt ou tard, se décidera d'elle-même, d'attendre que le résultat des travaux de la diète soit connu. Quand aux différens survenus entre les cours de Bade et de Bavière , cette matière nous paraîtrait avoir été suffisamment éclairée dans le judicieux ouvrage de M. Bignon, si nous ne pensions pas que, dans l'intérêt des peuples, l'ordre de successibilité ne saurait être trop scrupuleusement déterminé, puisque , chaque fois qu'il s'élève de doubles prétentions, la tranquillité de ces mêmes peuples peut être compromise. Si le droit de se choisir un souverain est reconnu propres aux citoyens, quand la lignée directe vient à s'éteindre, droit dont, en principe , on ne saurait nier la justice , des factions intérieures déchireront le sein de la patrie , et l'on verra des compétiteurs attirer des étrangers sur le sol natal , afin d'y soutenir leurs prétentions, et l'on retombera dans la situation où se trouvait la Pologne. Qu'est-ce qu'un droit dont l'exercice serait illusoire ? Un malheur de plus qui se fait sentir chaque fois que l'occasion de l'exercer se présente inutilement. On s'égare souvent par la loyauté même dont on fait profession. Le premier principe, en politique, est de distinguer ce qui est possible d'avec ce qui ne l'est pas, de voir le monde tel qu'il est , et non pas de le supposer tel qu'il devrait être. L'expérience a prouvé qu'une guerre était inévitable lorsqu'un trône venait à vaquer. Lequel est préférable alors pour le peuple, de la guerre, de l'invasion et des risques d'un partage, ou de voir venir un souverain qui ne peut long-temps rester étranger au pays qu'il gouverne ? Croit-on que, sans la nécessité où se trouvait l'Europe d'employer toutes ses forces pour sa sûreté, le général Bernadote n'eût point éprouvé de difficultés pour monter sur le trône de Suède où il était appelé par la volonté du peuple ? Ce serait, ce nous semble, être dans l'erreur. Il sera long-temps vrai que les petits états ne peuvent exister que sous la protection d'une grande puissance.

Si, comme le bruit en a couru, des envoyés de l'ordre de Malte se sont rendus à Aix-la-Chapelle pour y réclamer leur île ou une nouvelle résidence, cet objet est de trop peu d'importance pour que l'on puisse s'y arrêter un moment. Sans doute il serait à souhaiter que l'Angleterre ne fût pas maîtresse de cette position dans la Méditerranée ; pour l'ordre de Malte, il est détruit dans l'opinion, et on ne saurait le relever, puisqu'il est en opposition avec la forme des gouvernemens où règnent des lois égales pour tous les citoyens.

Depuis que les souverains sont réunis à Aix-la-Chapelle, on y remarque un mouvement et une activité incroyables; mais on y parle plus de bals, de fêtes et de dîners que de conférences politiques. La translation de Bonaparte à Cazan est à l'ordre du jour, et l'on dit tout haut, peut-être seulement d'après ce qu'ont publié les journaux anglais, que l'empereur Alexandre lui offrira ce nouvel asile. Il est bien difficile de parler de cet homme extraordinaire; la vérité sur son compte ne plairait ni à ses amis, ni à ses ennemis; mais l'inimitié n'a jamais dispensé d'humanité. Si l'on en avait cru quelques feuilles publiques de Londres, le Congrès, loin d'assurer une longue paix à l'Europe, eût été le signal d'une nouvelle guerre; on ne saurait en général lire avec trop de défiance les nouvelles de Londres où tout est spéculation.

On ne peut donc en ce moment qu'attendre les événemens; mais il nous semble qu'on le peut faire avec confiance. L'évacuation du territoire français est un bienfait moins encore qu'une justice, mais la justice est si rare qu'il est permis de la regarder comme un bienfait. Ce n'est pas seulement avec sécurité qu'on peut porter les yeux sur les résultats de cette mesure, mais on doit y voir la cessation de tous les prétextes qui, jusqu'à ce jour, ont apporté des restrictions à l'exercice plein et entier des droits politiques que la charte garantit au peuple français.

Nous avons passé rapidement sur les derniers temps pour arriver à l'époque actuelle, et nous occuper des principales questions qui nous semblent devoir être traitées à Aix-la-Chapelle; comme cependant on nous a fait observer que l'omission de tous les traités qui ont été conclus depuis 1801 jusqu'à 1814 formerait une lacune dans le plan que nous nous sommes tracés, nous offrirons plus tard à nos lecteurs un aperçu, en forme de note, sur la diplomatie de l'Europe, pendant tout le temps que Bonaparte a été assis sur le trône de France; ce serait effectivement omettre une des choses les plus intéressantes dont la politique puisse s'occuper, que de fermer les yeux sur la lutte de la France avec l'Angleterre, ou pour mieux dire de la terre et de la mer, et sur ce vaste système continental aussi admirablement conçu que mal exécuté.

Cherchons en ce moment à démêler ce que la Prusse aurait à perdre ou à gagner, si, non contente de ses vastes acquisitions, au lieu de donner tous ses soins à les attacher par de forts liens à son ancien territoire, elle se laissait aller à l'ambitieuse velléité de protéger les États du nord de l'Allemagne.

Il nous semble que l'on peut poser en principe l'impossibilité d'être à la fois protecteur et protégé ; car, si la protection passive cesse, il est évident que la protection active devient nulle ; or, sans l'appui de la Russie, la Prusse ne saurait se mesurer avec l'Autriche, qui ne pourrait voir tranquillement un État érigé par elle en royaume, il n'y a guère plus d'un siècle, s'emparer d'une influence dont les événemens l'ont dépossédée ; et il arriverait sans doute que, sans l'intervention des autres grandes puissances, les princes allemands, aux dépens desquels les agrandissemens de la Prusse ont eu lieu, se déclareraient contre elle dans l'espoir de ressaisir leurs possessions ; il est vrai que la Prusse, n'étant pas un état maritime, peut presque toujours compter sur l'alliance de l'Angleterre, surtout dans les querelles où interviendraient des puissances continentales qui possédent des côtes, des ports et des vaisseaux. La Prusse n'est point, pour ainsi dire, un royaume ; c'est un État composé de plusieurs petits États étonnés d'être rangés sous un même sceptre. Il suffit de voir sa position sur la carte et de suivre les sinuosités de ses frontières pour juger combien son territoire offrirait de points d'attaque en cas de guerre. Mais il est un rempart quelle peut lui donner ;

c'est une constitution commune qui intéresse tous les Prussiens à sa défense. L'inégalité de droits qui existaient jadis dans certains royaumes entre les habitans de telle et telle province, n'était pas moins bizarre que cette même inégalité entre tel et tel citoyen. On peut dire en général que les rouages de l'administration, puissans auxiliaires de ceux du gouvernement, ont acquis partout une unité admirable ; il nous semble donc que, par cela seulement que la Prusse est destinée à être régie constitutionnellement, elle ne saurait protéger immédiatement des peuples réunis en corps fédératif, attendu que c'est un souverain et non un peuple qui protège ; un souverain absolu fait marcher des troupes pour venir au secours d'un allié ; un monarque constitutionnel ne doit jamais hasarder ni compromettre les intérêts de ses peuples pour ceux des peuples voisins, à moins qu'une bonne politique ne le lui conseille. D'ailleurs la force d'un État dépend de celle des États qui lui sont contigus.

Le royaume de Naples est fort en Italie où il n'est entouré que de petits états ; mais, voisine de la Russie, de l'Autriche, de l'Allemagne, de l'Angleterre par le Hanôvre, de la Hollande et de la France, la Prusse ne l'est pas par rapport à plusieurs de ces puissances. C'est le sentiment de cette force relative qui faisait dire à César qu'il aimait mieux être le premier dans un village que le second dans Rome. Elle doit être le but constant vers lequel tendent toutes les nations, et c'est là tout le secret de la politique anglaise. Peut être que, sans le démembrement de la Pologne, la France n'eut pas été conquérante ; l'équilibre avait été rompu dans le nord ; pour le rétablir dans l'occident, la France envahit la Belgique et le comté de Nice. L'Angleterre n'intervient ordinairement dans les guerres du Continent que lorsque les deux partis sont assez épuisés, pour qu'elle puisse, à peu de frais, faire pencher la balance. Acquérir n'est rien, conserver est tout, et la Prusse, plus que tout autre État, a besoin, pour conserver, de ne plus acquérir. Sa propre existence serait mise en question quand elle armerait pour soutenir les droits de ses protégés, et elle pourrait se voir, comme la France lorsqu'elle a soutenu les prétentions de Charles Albert, ruinée pour une cause étrangère.

Cette espèce de garantie que l'on voit les souverains de l'Europe se faire aujourd'hui de leurs États est le présage d'une longue paix, mais il en résulte aussi que la guerre se rallumant elle serait générale; c'est donc un devoir que nous remplissons lorsque nous examinons ce qui pourrait y donner lieu et ce qu'il adviendrait dans cette fâcheuse hypothèse. Les petits États seront évidemment contraints à la tranquillité parce que le moindre mouvement de leur part serait promptement réprimé; mais n'est-il pas probable que, quelque parfait que puisse être l'équilibre de la domination actuelle, cet équilibre sera rompu un jour. La France, de long-temps, ne doit désirer l'occasion de prendre part à une guerre quelconque, la Prusse ne pourrait agir que conjointement avec la Russie; l'Autriche, malgré ses ports sur l'Adriatique, ne peut être considérée comme puissance maritime et sous ce rapport ne cause point d'ombrage à l'Angleterre; la rupture ne pourrait donc avoir lieu qu'entre cette dernière puissance et la Russie. Car l'Espagne est plus séparée de l'Europe par ses mœurs vieillies et par son peu de progrès dans la civilisation que l'Angleterre ne l'est par la mer, et depuis la translation du trône de Portugal à Rio-Janeiro, le Brésil est la métropole et le Portugal n'est plus qu'une colonie brasilienne.

L'Espagne est encore un royaume, mais ce n'est plus une puissance, et il paraît hors de toutes les chances humaines que sa position puisse de long-temps s'améliorer, heureuse si elle n'empire pas. Lors de l'impolitique invasion du territoire espagnol, les colonies apprirent avec indignation les embuches dressées à Charles IV et aux princes de sa maison. Dans le premier moment, des sommes considérables, jointes aux trésors déposés à la Havanne, parvinrent à la métropole qui bientôt se trouva réduite au murs de Cadix; le mot magique de liberté, sorti du sein des Cortès, arma le peuple espagnol qui fut aussi fort que le gouvernement avait été faible; une représentation nationale et une régence remplacèrent le roi absent; empressées de reconquérir les droits légitimes que les peuples d'Europe ont usurpés sur elles, les colonies se soulevèrent; la régence de Cadix les appaisa momentanément en leur accordant le droit de joindre leurs représentans à ceux de la nation espagnole. Bonaparte ne tarda pas à être renversé du trône de France; le roi Ferdinand VII se rendit à Valence où était la principale armée du royaume et entouré de bayonnettes, il déchira l'acte constitutionnel que lui présentaient les Cortès.

Les plus zélés partisans de l'indépendance

américaine déclarent alors que l'acte qui les unissait à l'Espagne, avait été dissous avec la représentation nationale ; les Indépendans s'emparèrent de plusieurs places importantes : la cour de Madrid a, depuis cette époque, envoyé contre eux plusieurs expéditions, et elle en prépare, dit-on, encore de nouvelles ; cette lutte peut être longue, et le résultat ne nous en semble pas douteux ; mais c'est en vain que l'expérience parle aux hommes, et l'exemple de Saint-Domingue ne leur montre pas encore assez clairement la différence qu'il y a entre une armée qui attaque et une population qui se défend ; nous ne prétendons rien préjuger ici sur la justice des deux causes : des deux parts on croit ses droits fondés, mais n'y a-t-il pas eu au moins de l'imprudence de la part du cabinet de Madrid, à ne faire aucune concession à ceux qu'il désigne sous le nom d'Insurgés et qui se proclament Indépendans. A présent il serait trop tard ; les concessions dictées par une nécessité trop imminente, sont aussi honteuses qu'elles sont inutiles ; on en a eu souvent la preuve

Dans cet état de choses, que deviendra l'Espagne lorsque la perte de ses colonies sera consommée ? Sans industrie sur le continent, sans ressources dans le nouveau monde , elle ressemblera à ces gens riches qui , après avoir passé leur vie dans une somptueuse mollesse , ne traînent plus qu'une faible existence après la perte de leurs richesses; mais il est une chose qui ne vieillit pas; un peuple est toujours jeune , et l'industrie lui tend les bras. L'Angleterre ne peut sincèrement désirer que l'Espagne soit plus heureuse avec ses colonies qu'elle ne l'a été elle-même avec les États-Unis d'Amérique; La France après avoir soutenu les uns , se déshonorerait en prêtant des secours contre les autres , et la plus ou moins grande prospérité de l'Espagne , qui n'a de contact immédiat qu'avec ces deux puissances, ne peut qu'être indifférente au reste de l'Europe. Il n'est donc pas probable que cette question soit sérieusement discutée dans les conférences d'Aix-la-Chapelle , malgré l'intérêt apparent qu'elle présente. Les souverains ne savent que trop , combien il est dangereux de compromettre son intervention , lorsqu'elle peut être inutile , et son autorité lorsque la versatilité du sort peut la rendre insuffisante. L'Espagne peut-elle donc espérer aucun dédommagement de la perte de ses immenses possessions américaines? elle ne peut, ce nous semble, en attendre que de l'amélioration de ses institutions intérieures et de la culture de son sol, si riche du temps des Romains et des Maures.

Quelques rêveurs politiques qui, ne concevant le monde que sur la carte, regardent le territoire et non les hommes, ont pensé un moment que puisque le siége de l'Empire portugais avait été transféré à Rio-Janeiro, l'Espagne aurait pu négocier l'échange du Portugal et des Algarves, contre ses colonies de l'Amérique méridionale. Rien n'est plus misérable qu'un semblable projet, qui ne mérite pas un examen sérieux. On ne peut croire que la maison de Bragance, nouvellement établie au Brésil (1), où tout est, pour ainsi, encore à

---

(1) Ce fut sous le règne de Sébastien I er., roi de Portugal, que des négocians portugais débarquèrent, en 1558, sur les côtes du Brésil, et y formèrent les établissemens connus sous le nom de capitainies. Peu de temps après, on en compta cinq : Stamacara, Fernambuco, Illea, Port-Assuré et Saint-Vincent.

Le premier gouverneur envoyé par le roi de Portugal, fut Thomas de Sussa, qui ayant trouvé dans la baie de Todos-los-Santos, un port très-vaste, fortifia son entrée, et bientôt on vit s'élever la ville de San-Salvador, qui devint le chef-lieu de tous ces établissemens.

créer, dans des régions qui n'ont pas moins de quinze cents lieues de côtes, veuille se charger des risques d'une conquête douteuse, contre des peuples dont ses états sont séparés par de grandes solitudes. Mais, en supposant même que le roi de Portugal consentit à céder ces domaines d'Europe, pense-t-on que l'aversion

---

En 1617, les Hollandais, commandés par le général Speiberger firent une invasion dans le Brésil, et se rendirent maîtres de San-Salvador et de toute la baie de de Todos-los-Santos.

Lors de la réunion du Portugal à la couronne d'Espagne, en 1624, Philippe IV envoya une flotte qui chassa les Hollandais hors de la baie et les poursuivit jusqu'à Fernambuco, où ils se fortifièrent successivement, malgré les efforts d'Olivarès, premier ministre du roi d'Espagne et de Portugal, pour faire évacuer aux Hollandais le Brésil, où ils s'établirent en coucurrence avec les Portugais.

Lorsque le Portugal fut rentré sous la domination de la maison de Bragance, Jean IV, surnommé le Fortuné, battit de nouveau les Hollandais, et depuis 1654 les Portugais eurent l'entière possession du Brésil qui fut ratifiée par le traité de 1661, où les Hollandais renoncèrent à toutes leurs prétentions sur ce pays.

En 1711, le fameux Du-Guay-Trouin fit une descente dans le Brésil, et s'empara de Rio-Janeiro, résidence actuelle du roi de Portugal. Les capitales, même du Nouveau-Monde, ont été témoins de nos exploits.

des Portugais pour le joug espagnol ne mettrait pas d'obstacle à un semblable traité. Les malheurs du Portugal ont retrempé son courage, et ses habitans rejetteraient avec indignation ce pacte avilissant. On ne saurait donc s'arrêter long-temps à un semblable expédient pour dédommager l'Espagne ; d'ailleurs dans ces sortes d'échanges et de mutations de territoire, n'est-ce pas faire en masse la traite des hommes qui a été abolie en détail.

Ce qui appelle l'attention des souverains ce sont ces peuplades barbares qui, sortant de leurs repaires africains, viennent infester jusques aux côtes du Continent, et sont les véritables brigands de la Méditerrannée ; mais ce n'est pas la nécessité de leur destruction qu'il faut faire sentir ; elle est assez généralement reconnue : ce qui serait vraiment utile, ce serait d'indiquer les moyens d'y parvenir, et nous ne nous dissimulons point combien une semblable entreprise offre de difficultés.

Nous commençons par rejeter comme évidemment insuffisant le projet de cotterie qui tendrait à rétablir l'ordre de Malte ; on ne peut voir dans le rétablissement de cet ordre un moyen capable de contenir les Puissances barbaresques ; et, pour répondre non-seulement à tout ce qui a été dit, mais à tout ce qu'on peut ajouter, il nous suffit de rappeler que, lorsque l'ordre de Malte était au plus haut point de sa splendeur, Louis XIV n'en fut pas moins obligé de faire bombarder deux fois Alger, et qu'en 1775 on envoya de nouveau contre ces pirates une expédition qui occasionna des dépenses énormes, et qui eut des résultats aussi nuls et plus honteux que ceux de la dernière expédition anglaise. Puisqu'il a fallu, pendant que l'ordre de Malte promenait ses galères sur la Méditerannée, et que cet ordre comptait des marins célèbres, avoir recours à des moyens extraordinaires, que serait-ce aujourd'hui, que les chevaliers de Saint-Jean-de-Jérusalem n'ont plus de titres réels et ne se reconnoissent guère qu'au ruban noir qu'ils portent à leur boutonnière. Si d'ailleurs cet ordre étoit rétabli, il faudrait, pour que la France y envoyât des chevaliers, que les statuts en fussent changés, puisqu'ils exigent de la part des adeptes des preuves incompatibles avec notre droit public. Il est également démontré, par les trois expéditions dont nous avons parlé, que l'incendie des chefs-lieux de régences ne sert qu'à irriter ces barbares, qui, comme les fourmis, reconstruisent leurs villes et n'en deviennent que plus acharnés.

Une croisière forte et perpétuelle, à laquelle toutes les puissances de l'Europe prendraient part, soit en fournissant des hommes, soit des vaisseaux ou de l'argent, nous semble le seul moyen de contenir les Barbaresques. La crainte d'un bombardement sera plus puissant qu'un bombardement même. Nous pouvons appuyer ceci d'un exemple frappant : dans quel temps les corsaires algériens ont-ils cessé d'exercer leurs rapines ? Depuis le commencement de la grande guerre continentale jusqu'en 1814. Était-ce par suite de la puissance de la France ? Non, puisque la France elle-même voyait presque tous ses ports bloqués. Pourquoi donc? parce que des stations anglaises qui étaient dans la Méditerrannée les tenaient en respect. Nous n'aurons sûrement pas la présomption de croire qu'on fasse quelque attention à nos idées, nous ne savons que trop que les conseillers intimes sont sourds à la voix des missionnaires de la raison, et qu'ils rougiraient de faire adopter des projets dont ils ne seraient point les auteurs. Nous persisterons cependant à penser que l'établissement d'une croisière européenne pourrait atteindre le but qu'on se propose : nous dirons plus, c'est que cette croisière devrait être entretenue aux frais des régences; et, si l'on nous objecte des idées de justice et de générosité, nous répondrons qu'on n'a pas été si scrupuleux envers la France, et que nous méritions bien au moins autant d'égards que le Dey d'Alger.

Nous n'étendrons pas plus loin ces observations préliminaires; nous ne leur avons donné cette étendue que parce que nous étions convaincus que nos lecteurs, ramenés comme tous les Français aux idées sérieuses, sentiraient l'impossibilité où nous étions de pénétrer dans le cabinet où se tiennent les conférences, et ils savent combien il est dangereux d'écouter aux portes. Nous n'avons pas voulu non plus hasarder des nouvelles fausses et nous rendre les échos de bruits aussitôt démentis que répandus; cependant, dans la prochaine livraison, nous ferons notre entrée dans Aix-la-Chapelle, et nous tâcherons de présenter une image exacte du tableau extérieur qu'elle offre en ce moment. Aujourd'hui nous finirons par un aperçu sur ce qu'était ce système continental tant admiré par les uns, tant décrié par les autres.

Dès qu'une puissance continentale maritime et industrieuse aura une prépondérance marquée en Europe, elle deviendra par la force des choses, d'abord rivale, et ensuite ennemie de l'Angleterre. L'industrie étant la prncipale branche de la prospérité anglaise, c'est cette branche que l'on cherchera à anéantir ou du moins à paralyser; c'est dans l'Inde qu'elle puise sa sève, c'est sur le Continent qu'elle jette ses fruits; il se présente donc alors deux moyens de frapper l'Angleterre: un seul était à la disposition de la France, et elle l'a employé. Mais comment l'a-t-elle fait? Avec un esprit de convoitise trop évident, et en présentant à l'Europe un remède pire que le mal. Au lieu de l'intéresser au succès de son entreprise, elle lui en a fait supporter par avance tout le fardeau. Il était trop facile de voir que si les sacrifices étaient communs, les bénéfices ne devaient pas l'être. La Russie, la Prusse, l'Autriche et l'Allemagne durent donc profiter de l'occasion qui se présentait, après une campagne désastreuse, de se soustraire à un joug insupportable, et de renoncer à des privations sans dédommagemens. Cependant, que l'on compare l'état industriel de l'Europe à ce qu'il était avant le système continental, et l'on verra les immenses progrès que le besoin de se suffire à eux-mêmes a fait faire à tous les peuples.

Il n'est pas probable que jamais ce système reçoive son exécution; quant à l'autre moyen
dont nous avons parlé, il est seulement entre
les mains de la Russie dont le monarque ne
rompera jamais la paix de l'Europe pour ses
intérêts privés; mais si la guerre éclatait jamais entre la Russie et la Grande - Bretagne,
il nous semble qu'une expédition dans l'Inde
n'est pas une chimère; les Anglais évitent toujours toutes sortes de conversations relatives à
ce pays avec quelqu'Européen que ce soit, et
ce silence a bien son genre d'éloquence. Quant
à la possibilité d'y faire passer une armée par
la Perse, puisqu'Alexandre l'a fait, pourquoi
Alexandre ne le ferait-il pas?

Il faut avoir voyagé pour apprécier les impressions que l'on éprouve , lorsqu'on entre dans une ville à la quelle se rattachent de grands souvenirs; ces impressions se font plus ou moins sentir et, si la voie flaminienne révèle des idées de grandeur, la vue d'Aix-la-Chapelle fait naître, dans le cœur d'un Français, quelque chose de plus immédiat; la cité de Charlemagne ne saurait lui être étrangère, et franchissant l'intervalle de plusieurs siècles, il se rappelle le temps peu éloigné où elle était redevenue française ; mais c'est encore de la France que l'on va s'y occuper.

Voilà, sur la place du marché, la statue du grand homme qui faisait d'Aix-la-Chapelle sa résidence favorite. Il posséda presque toute l'Europe; à sa mort elle fut démembrée, mais ses capitulaires ont triomphé du temps; telle est la gloire du législateur, qu'elle survit longtemps à la gloire du guerrier.

Les principales rues d'Aix-la-Chapelle sont assez régulières, et l'on y voit un nombre considérable de maisons dont la nouvelle élégance dit assez en quel temps elles ont été construites ou rajeunies. La ville est de forme ovale, et ne laisse que peu de traces de l'enceinte de Charlemagne.

6

Tous les ouvrages de fortification qui entouraient l'enceinte actuelle, construits autrefois de Frédéric-Barberousse, ont été convertis par les Français en belles plantations. La rue Saint-Jacques traverse toute la ville qu'elle divise en deux parties presqu'égales ; mais la rue Comphausbad est le quartier à la mode, où roulent des équipages, et où les promeneurs affluent comme à Paris sur le boulevard de Gand. C'est là que se trouvent les bains Sainte-Corneille et de la Rose, le Dragon d'Or, la Vieille-Redoute, le Grand-Hôtel, et la Grande-Redoute. La ville étant essentiellement manufacturière, et sa population industrieuse, elle offre ordinairement peu d'objets de distraction ; mais depuis qu'elle a été choisie par les Souverains pour le lieu de leur réunion, l'affluence des étrangers et des artistes de tout genre y est telle, que l'on a de la peine à s'en faire une idée. Voici la liste des principaux personnages qui s'y trouvent en ce moment, ou qui ont accompagné LL. MM. l'empereur d'Autriche, l'empereur de Russie et le roi de Prusse. Dès le 17 septembre il y avait déjà 2117 étrangers, et depuis cette époque leur nombre n'a fait que s'accroître jusqu'au 8 octobre, où il a commencé à diminuer d'une d'une manière très-sensible.

AUTRICHIENS.

S. A. le prince de Metternich, ministre des affaires étrangères de l'empereur d'Autriche ; M. Marschall, chambellan de S. M.; le prince et la princesse de Latour et Taxis, celle-ci, née grande duchesse de Meklembourg; le baron Alphonse de Pont, chambellan de l'empereur d'Autriche et secrétaire aulique près du ministère des affaires étrangères ; le lieutenant-général de Boyen, ministre de la guerre ; le lieutenant-général de Knesebeck ; le comte de Zichy, ambassadeur d'Autriche près la cour de Berlin ; le comte de Mercy, chambellan ; M. de Gentz, conseiller aulique, attaché au département des affaires étrangères ; le prince de Hesse-Hombourg, feld-maréchal ; le prince Frédéric de Schwartzenberg ; le prince de Wrbna ; le comte Palfi, premier magnat de Hongrie et gendre de madame Murat : ce seigneur a été volé à quinze lieues d'Aix-la-Chapelle, au moment où il se rendait dans cette ville ; mais on lui a laissé ses papiers.

RUSSES.

Le général comte de Schouwaloff, adjudant
de S. M. l'empereur de Russie ; le général
Brosin ; M. Lewaschoff, général, aide-de-
camp de l'empereur de Russie ; le général
Czernicheff, adjudant de S. M. ; le comte de
Nesselrode, secrétaire d'état ; le prince Men-
zikoff ; le comte de Golowkin, ministre de
l'empereur ; le prince Bazile de Galitzin ; le
comte Gustave Malachowski ; M. d'Obreskoff,
gentilhomme de la chambre ; le comte Ben-
nigsen, général en chef ; le comte de Stakel-
berg, conseillé privé actuel ; le comte Capo
d'Istria, secrétaire d'état ; le général comte
Woronzoff qui commande l'armée russe
d'occupation ; le comte Ojarowski, et le général baron de Jomini, aides-de-camp de
l'empereur ; M. d'Alopeus, ministre de la
cour de Russie à Berlin ; le comte de Lieven,
ambassadeur de Russie à Londres ; madame
de Nesselrode, le général Pozzo di Borgo ;
M. Bethman, conseiller d'état ; M. Fabre,
conseiller de légation à la diète de Francfort ;
S. A. I. le grand-duc Michel, est arrivé le 11,
venant de Londres par Calais.

FRANÇAIS.

M. le duc de Richelieu, ministre des affaires
étrangères, président du conseil des ministres;
M. le marquis de Maisons, pair de France;
M. de Rayneval, conseiller d'état, directeur
des chancelleries du département des affaires
étrangères ; M. le baron Mounier, conseiller
d'état; M. Bourjot, chef de la première division des affaires étrangères; le comte de Caraman, ambassadeur de France à Vienne;
M. de la Tour-du-Pin, ministre près la cour
des Pays-Bas; le comte Georges de Caraman,
premier secrétaire de légation à Londres;
madame la comtesse de Las-Cases, dont le
mari a accompagné Napoléon à Sainte-Hélène;
madame la comtesse de Montholon, auteur
d'une traduction de *Rosaure*, roman d'Auguste Lafontaine et proche parente de M. de
Montholon qui est aussi à Sainte-Hélène ;
madame Récamier, repartie pour Paris ,
peu de jours après l'arrivée des souverains
alliés; la comtesse de Vieilmaison; madame
Gay, auteur de plusieurs romans que l'empereur de Russie a bien voulu lui demander;
madame de Vitrolles , repartie sans obtenir

ce qu'elle demandait ; le marquis de Bonnay, ministre de France à Berlin.

ANGLAIS.

Le duc de Wellington ; lord Castlereagh , ministre des affaires étrangères ; M. Canning ; lord Édouard Chichester ; le comte Belfast ; M. Perry, propriétaire du *Morning Chronicle ;* le marquis Camden avec sa famille ; M. Planta , sous-secrétaire d'état pour les affaires étrangères ; MM. Chad, Seymour , J. Cartwright, Parish, lord Francis Cunyngham , Gunning et Ward attachés à l'ambassade ; M. Disbrowe , secrétaire de légation à Copenhague ; M. Baring , banquier ; le duc de Kent ; lord Stewart, ambassadeur à Vienne.

PRUSSIENS.

Le prince de Hardenberg , chancelier d'état ; le comte de Bernstorff , récemment passé du service de Danemarck à celui de Prusse, où il est ministre des affaires étrangères ; M. de Malzahn , maréchal de la cour ; les Majors Kanitz, Malachowsky, Bolanowsky et M. de Brauchitsch , lieutenant–colonel , adjudans d

roi de Prusse; le docteur Wiebel, premier chi-
rurgien des armées et médecin de S. M.; le
prince de Sayn-Wittgenstein, ministre de la police; M. Schœel, conseiller de guerre; M. Du-
neker, secrétaire intime du roi; M. de Witzle-
ben, général-major et adjudant de S. M.;
le lieutenant - général Muffling, l'un des
gouverneurs de Paris pendant la dernière
occupation; le lieutenant-général Thielmann;
le baron d'Altenstein, ministre d'état; M. le
baron Alexandre de Humboldt, arrivé le 15.

AUTRES ÉTRANGERS.

M. Bylandt, général au service des Pays-
Bas, le chevalier de Karcher, chargé d'affaires
de S. A. R. le grand duc de Toscane et de
S. A. R. l'électeur de Hesse, auprès du roi de
France; M. de Lutzow, chambellan de Meklembourg, M. de Rotschild, banquier de
Francfort, le baron Drost de Vischernig, évê-
que suffragant et capitulaire de Munster; M.
Alfieri de Sostegno, fils de l'ambassadeur de
Sardaigne en France; le marquis Grimaldi,
ministre de Sardaigne près la cour de Rio-Janeiro; le baron Bongart de Paffendorf, chambellan du roi de Bavière; le docteur Buchols

de Lubeck ; le lieutenant-général Oyen , au service du grand duc de Hesse; le duc de Croy, prince médiatisé; M. Bermudes, agent diplomatique d'Espagne.

ARTISTES.

Mme. Catalani, Mme. Gail, M. Fabri Garat, le jeune Hippolyte Larsonneur , M. et Mme. Anatole de l'Opéra de Paris; le célèbre acteur allemand Esslair, dont le nom n'était pas même connu en France ; Melle. Lenormand, M. et Mme Lafon, dont les concerts à Spa ont été fort suivis; les trois boxeurs anglais, dont le spectacle à coups de poing n'est fréquenté que par les amateurs de leur nation; le jeune Hazefeld , Melle. Élisa Garnerin , Melle. Mina Reinhart, aéronaute prussienne.

Avant l'ouverture du congrès, le prince de Metternich et le prince de Hardenberg, avaient eu à Coblentz une conférence, dans laquelle il a été question des réclamations élevées par les acquéreurs de domaines, dans le royaume de Westphalie; cette question avait déjà occupé la diète Germanique. Il est plus que probable, qu'elle sera définitivement résolue à Aix-la-Chapelle.

L'empereur Alexandre occupe l'hôtel qui

servait de résidence au préfet, lorsqu'Aix-la-Chapelle était le chef-lieu du département de la Roër. Cet hôtel qui appartient à Mme Vlans est loué moyennant trente mille francs, pour deux mois, temps pour lequel les Souverains et leur suite ont retenu leurs logemens. L'empereur a loué en outre une maison de campagne à quelque distance de la ville, et comme la dame qui l'occupe avait cédé toute la maison, S. M. a voulu qu'elle y conservât son appartement. Tous les loyers des personnes attachées à l'Ambassade russe où à la maison de l'empereur sont payés par lui, et ce seul objet s'élève à trois cent mille francs par mois. Cela seul peut donner une idée du prix des locations qui y était d'abord en proportion avec tous les autres objets de dépense; mais, depuis quelques temps, ces prix ont beaucoup diminué. D'ailleurs, afin de garantir les étrangers contre les infidélités des domestiques de place, la police de la ville a pris un arrêté en vertu duquel ceux qui veulent faire ce service, sont tenus de prêter serment et de fournir une caution de cent écus de Prusse. Les rétributions qu'il leur est permis d'exiger sont fixées à quatre francs par jour.

Lord Wellington est logé à l'hôtel du Bourguemestre M. de Guaita, et lord Castlereagh à celui de M. Schloesser.

L'hôtel de l'empereur d'Autriche est situé rue de Borcette. Les loyers de son hôtel et des personnes de sa suite, s'élève à quatre cent mille francs par mois.

La légation anglaise est établie au grand hôtel, rue Comphausbad ; le prince Auguste de Prusse, frère du roi, y est aussi logé.

Le prince de Metternich habite l'hôtel des Bains-Charles.

Le roi de Prusse occupe l'hôtel Offermans, quai des Capucins ; le Prince Royal est logé rue saint-Pierre et le prince Frédéric, rue des Capucins.

Le roi de Prusse était venu à Aix-la-Chapelle, avant les deux empereurs, afin de recevoir ces augustes hôtes. L'empereur d'Autriche est arrivé avant l'empereur Alexandre qui n'est entré dans la ville que le 28 septembre, à neuf heures et demie du soir. Toute la population était depuis le matin sur la route, le son des cloches et les cent un coup de canon que l'on a tirés, n'ont pas mieux annoncé son arrivée que les cris de *vive l'Empereur* dont il a été salué sur son passage. Le lendemain il a reçu dans la matinée le corps diplomatique, et à midi l'empereur d'Autriche lui a rendu une visite qui n'a duré que quelques minutes.

On avait d'abord pensé que l'évacuation de la France serait le seul point discuté au Congrès, et ce qui a donné lieu à cette opinion, c'est le désir témoigné par les souverains que l'on ne donnât point le nom de Congrès à leurs conférences; la première question résolue a été la libération de la France ; elle a été décidée le 1ᵉʳ octobre dans une conférence tenue chez le prince de Hardenberg ; c'est chez lui et chez le prince de Metternich que les réunions diplomatiques ont lieu alternativement. Le traité d'évacuation n'a pu être signé que le 9 malgré la résolution prise antérieurement, ce que l'on a généralement attribué à la nécessité de déterminer les époques de paiement pour les contributions imposées à la France par le traité du 20 nov. Il paraît que M. le duc de Richelieu demandait, pour donner plus de facilités à la France, que ces époques fussent reculées, mais le cabinet prussien, pressé par son besoin d'espèces, et tourmenté, dit-on, par la crainte que la France ne tente un jour de s'acquitter envers lui, comme la Prusse s'est acquittée envers Napoléon, s'est vivement opposé à la demande du ministre français. La Prusse est même prête, à ce que l'on ajoute, à faire des sacrifices pour toucher promptement la part qui lui revient dans ces contributions, qui seront enfin les dernières. Au reste, on ne connaît pas encore les conditions stipulées à cet égard, et il est permis de penser que les autres puissances auront triomphé des obstacles apportés par le cabinet de Berlin.

Le bruit s'est répandu et accrédité que dans l'une des conférences où se trouvaient lord Castlereagh et lord Wellington, l'empereur Alexandre aurait témoigné sa surprise de voir l'Angleterre doublement représentée, et que ce souverain aurait demandé lequel des deux nobles lords était muni des pleins pouvoirs de son gouvernement. On ne sait effectivement de quel caractère peut se trouver revêtu le duc de Wellington. L'armée d'occupation étant dissoute, sa mission a cessé, puisque ce n'était que comme commandant en chef de cette armée qu'il a pu être considéré sur le Continent, et notamment à Paris, autrement que les autres Anglais de distinction qui viennent visiter cette capitale. On doit donc croire que s'il y revient le gouvernement français sera affranchi de la nécessité où il était de lui accorder des honneurs qui n'ont pas peu contribué à prouver sa résignation, et qu'enfin nous n'aurons plus la douleur de voir des sentinelles françaises à la porte de ce général anglais.

Le seul général français qui soit à Aix-la-Chapelle est M. le marquis de Maisons, pair de France. Le 6 octobre, ce général a obtenu une audience particulière de l'empereur Alexandre. Si les manières affables de ce prince avaient séduit, au bal donné quelques jours auparavant à la grande redoute, tous ceux qui avaient eu le bonheur de l'approcher, ce que l'on rapporte de la conversation du monarque avec le général doit donner la plus haute idée de son admirable franchise : « Je désire sincèrement que les peuples soient heureux, et que la France soit grande et forte, a dit le prince ; vous pouvez m'en croire, général, *car je suis un honnête homme.* » Si la véritable grandeur est dans la simplicité, quel mot atteste plus la grandeur ? et n'est-ce pas une leçon de philosophie donnée aux hommes, qu'un souverain revendiquant une qualité tout humaine ? Ce mot si touchant a vivement ému le général qui, par un mouvement bien naturel, prit la main de S. M. pour la baiser. L'empereur ouvrit les bras au général, et lui permit de s'y précipiter. Dans cet entretien si remarquable, l'emperenr a dit entr'autres choses, « Si l'on pouvait inventer de nouvelles garanties pour les acquéreurs des domaines nationaux, il faudrait le faire; je suis ami des idées libérales. » Il a d'ailleurs témoigné toute son estime pour la noble résignation avec laquelle la France a supporté le poids de ses infortunes, et pour sa scrupuleuse exactitude à remplir ses engagemens. Au reste, la reconnaissance la plus vraie et la plus générale est faite pour plaire à un grand cœur, et nous pouvons dire que rarement un souverain jouit dans ses propres états d'autant d'estime et d'affection que l'empereur Alexandre en France. Rien ne plait tant aux hommes que l'esprit de modération, et c'est une réponse toute faite à ceux qui, ne pouvant en concevoir l'idée, osent proscrire le trésor de la sagesse.

Avant l'entretien dont nous venons de parler, l'empereur de Russie s'était rendu sans aucune suite, et vêtu d'un simple frac, sur le boulevard extérieur, où l'on arrive par la porte de Cologne; M. le duc de Richelieu y est venu de son côté : l'empereur l'ayant aperçu, lui a pris le bras et s'est promené en causant avec lui pendant un assez long espace de temps

Outre les réunions ostensibles, il en existe d'autres moins solennelles, mais où l'on ne discute pas de moins grands intérêts ; et l'on sait qu'il est des missions qui se remplissent mieux dans un salon que dans un cabinet. Lady Castlereagh donne deux fois par semaine des soirées où tout le corps diplomatique est admis. Lorsque les parties sont arrangées, les ministres se réunissent quelquefois dans un petit salon où l'on ne s'occupe, dit-on, que d'intérêts politiques. Lady Castlereagh, quand sa société est partie, se mêle quelquefois à ces conversations auxquelles M. de Richelieu ne prend part que très-rarement ; on a fait la même remarque à l'égard des ministres de Russie.

Le roi de Prusse passe une partie du temps qu'il ne donne point aux affaires chez la princesse de la Tour et Taxis ; l'empereur d'Autriche se montre peu ; mais, dans les différentes visites qu'il est allé faire *incognito* dans des manufactures, partout on a pu remarquer les connaissances de S. M., et le désir qu'elle a de concourir aux progrès de l'industrie européenne. Depuis que les souverains sont à Aix-la-Chapelle on a surtout admiré en eux une simplicité qui n'est point affectée ; et, s'ils gagnent autant à être vus de près et considérés comme hommes, que devra-t-on penser de ces vieilles idées qui consistaient à se tenir en quelque sorte sequestrés des peuples, ou bien à ne se montrer à eux qu'entourés de tout l'attirail de la royauté? L'ignorance des hommes supposait à ses maîtres des qualités imaginaires; aujourd'hui le dogme a fait place à la morale; on n'est rien si l'on n'est homme d'abord, comme on renie les généraux qui ne s'honorent pas du titre de soldat.

L'empereur Alexandre et le roi de Prusse se rendront à Paris après la revue de départ. Cette revue d'abord fixée au 17 et au 18, doit avoir lieu le 22. Ce n'est pas le 28, que l'on croit que LL. MM. seront ici; ensuite elles retourneront à Aix-la-Chapelle, où le roi de Bavière, viendra en leur absence faire une visite à l'empereur d'Autriche. Les souverains alliés ne quitteront Aix-la-Chapelle, que vers le 15 novembre (1).

____

(1) Les conférences sont si secrettes, que rien ne transpire au-dehors des objets qui y sont traités; la crainte d'induire en erreur nos lecteurs, nous oblige donc à remettre de quelques jours, l'envoie d'une nouvelle feuille qui servira de complément à cette cinquième livraison.

Ce que nous avons annoncé au commencement de cet ouvrage, s'est effectivement réalisé le 18 octobre, jour anniversaire de la bataille de Leipzig : les trois souverains ont paru à cheval au milieu du carré formé par les troupes qui composent la garnison d'Aix-la-Chapelle. Un peintre, dont nous ignorons le nom, a fait une esquisse pour retracer, dans un tableau, le souvenir de cet événement, mais nous osons espérer que ce n'est point un peintre français. Au reste, le même secret enveloppe toujours le résultat des conférences qui continuent à se tenir chez le prince de Metternich et chez le prince de Hardenberg. On a remarqué que la première pièce officielle émanée d'Aix-la-Chapelle et publiée par les journaux de Paris, était *le manifeste* de Mademoiselle Élisa Garnerin, dans lequel cette aréonaute se justifie d'un accident dont elle a failli être la victime, ce que l'on peut attribuer à l'élévation du point de départ qu'elle avait choisi. Une anecdote légèrement scandaleuse a aussi occupé pendant quelques jours les mauvaises langues, qui ne sont pas toujours des langues diplomatiques. On a attribué le départ précipité d'une belle dame, à la trop grande exactitude avec laquelle deux hommes chargés d'éclairer dans les rues, avaient rempli leur ministère pour un seigneur qui, en sortant du bal, avait été faire une visite à cette dame, depuis minuit jusqu'à sept heures du matin. Les porte-falots avaient scrupuleusement attendu que la visite fût terminée, et ils attendaient encore lorsqu'un officier de police leur fit observer que leurs services devenaient inutiles avec le jour.

On nous pardonnera, nous l'espérons, cette digression un peu déplacée peut-être dans notre relation, mais nous imitons en cela ce qui se passe dans les assemblées les plus graves où quelques traits de gaîté se mêlent aux discussions les plus importantes; nous sommes d'ailleurs dans un temps où l'on a pas souvent l'occasion de s'excuser d'avoir fait sourire. Nous allons donc, par une brusque transition, mettre sous les yeux de nos lecteurs la Convention conclue, le 9 octobre, entre la France et les puissances alliées; on y remarquera que parmi ses titres, le comte Capo-d'Istria, plénipotentiaire Russe, compte ceux de bourgeois du canton de Vaud et de la république de Genève. Le duc de Wellington aurait peut-être pu, en cette circonstance, se dispenser de prendre le titre de prince de Waterloo.

CONVENTION.

AU NOM DE LA TRÈS-SAINTE ET INDIVISIBLE TRINITÉ.

LL. MM. l'Empereur d'Autriche, le Roi de Prusse et l'Empereur de toutes les Russies, s'étant rendus à Aix-la-Chapelle; et LL. MM. le Roi de France et de Navarre, et le Roi du Royaume-Uni de la Grande-Bretagne et d'Irlande y ayant envoyé leurs plénipotentiaires, les ministres des cinq cours se sont réunis en conférence, et le plénipotentiaire français ayant fait connaître que, d'après l'état de la France et l'exécution fidèle du traité du 20 novembre 1815, S. M. T. C. désirait que l'occupation militaire, stipulée par l'article 5 du même traité, cessât le plus promptement possible, les ministres des cours d'Autriche, de la Grande-Bretagne, de Prusse et de Russie, après avoir, de concert avec ledit plénipotentiaire de France, mûrement examiné tout ce qui pouvait influer sur une décision aussi importante, ont déclaré que leurs souverains admettaient le principe de l'évacuation du territoire français à la fin de la troisième année de l'occupation. Et, voulant consigner cette résolution dans une con-

vention formelle et assurer en même-temps
l'exécution définitive dudit traité du 20 novembre 1815, S. M. le Roi de France et de
Navarre d'une part, et S. M. l'Empereur d'Autriche, Roi de Hongrie et de Bohême d'autre
part, ont nommé à cet effet pour plénipotentiaires, savoir :

Sa Majesté le roi de France et de Navarre,
le sieur Armand-Emmanuel du Plessis-Richelieu, duc de Richelieu, pair de France, chevalier de l'ordre royal et militaire de Saint-
Louis, de l'ordre royal de la Légion-d'Honneur, et des ordres de Saint-André, Saint-
Alexandre – Newsky, Sainte–Anne, Saint-
Wladimir et Saint-Georges de Russie, son premier gentilhomme de la chambre, son ministre
et secrétaire d'État des affaires étrangères, et
président du conseil de ses ministres;

Et Sa Majesté l'empereur d'Autriche, roi de
Hongrie et de Bohême, le sieur Clément-Wen-
ceslas-Lothaire, prince de Metternich–Win-
nebourg, prince d'Ochsenhausen, duc de Por-
tella, chevalier de la Toison-d'Or, grand-croix
de l'ordre royal de Saint-Étienne et de la dé-
coration pour le mérite civil, grand-croix de
l'ordre de Saint-Jean-de-Jérusalem, grand-
cordon de l'ordre royal de la Légion-d'Hon-

neur, chevalier des Ordres de Saint-André, de Saint-Alexandre-Newsky et de Sainte-Anne de la première Classe, chevalier de l'ordre suprême de l'Annonciade, de l'ordre de l'Éléphant, de l'Aigle-Noire et de l'Aigle-Rouge, des Séraphins, grand-croix de l'ordre de Charles III d'Espagne, de l'ordre royal du Christ de Portugal, chevalier de l'ordre de Saint-Janvier et grand-croix de l'ordre de Saint-Ferdinand et du mérite de Sicile, grand-croix de l'ordre de Saint-Joseph de Toscane, chevalier de l'ordre de Saint-Hubert de Bavière, de l'Aigle-d'Or de Wurtemberg, de l'ordre de la Couronne de Saxe, grand-croix de l'ordre royal des Guelfes de Hanovre, de l'ordre du Lion de Hesse, de la Fidélité de Bade, de l'ordre Constantinien de Saint-George de Parme, chancelier de l'ordre militaire de Marie-Thérèse, curateur de l'Académie des beaux-arts de Vienne, chambellan, conseiller intime actuel de S. M. l'empereur d'Autriche, roi de Hongrie et de Bohême, son ministre d'État, des conférences et des affaires étrangères;

Lesquels, après s'être réciproquement communiqué leurs pleins pouvoirs, trouvés en bonne et due forme, sont convenus des articles suivans :

ART. 1ᵉʳ. Les troupes composant l'armée d'occupation seront retirées du territoire, de France le 3o novembre prochain, ou plutôt si faire se peut.

2. Les places et forts que les susdites troupes occupent seront remis aux commissaires nommés à cet effet par S. M. T. C., dans l'état où ils se trouvaient au moment de l'occupation, conformément à l'article 9 de la convention conclue en exécution de l'article 5 du traité du 20 novembre 1815.

3. La somme destinée à pourvoir à la solde, l'équipement et l'habillement des troupes de l'armée d'occupation, sera payée, dans tous les cas, jusqu'au 3o novembre, sur le même pied qu'elle l'a été depuis le 1ᵉʳ décembre 1817.

4. Tous les comptes entre la France et les puissances alliées ayant été réglés et arrêtés, la somme à payer par la France, pour compléter l'exécution de l'article 4 du traité du 20 novembre 1815, est définitivement fixée à 265 millions de francs.

5. Sur cette somme, celle de 100 millions, valeur effective sera acquittée en inscriptions de rente sur le grand-livre de la dette publique de France, portant jouissance du 22 septembre

1818. Lesdites inscriptions seront reçues au cours du lundi 5 octobre 1818.

6. Les 165 millions restans seront acquittés par neuvièmes de mois en mois, à partir du 6 janvier prochain, au moyen de traités sur les maisons Hope et compagnie, et Baring frères et compagnie ; lesquels, de même que les inscriptions de rente mentionnées à l'article ci-dessus, seront délivrés aux commissaires des cours d'Autriche, de la Grande-Bretagne, de Prusse et de Russie, par le trésor royal de France, à l'époque de l'évacuation complète et définitive du territoire français.

7. A la même époque, les commissaires desdites cours remettront au trésor royal de France, les six engagemens non encore acquittés qui seront restés entre leurs mains, sur les quinze engagemens délivrés conformément à l'article 2 de la convention conclue pour l'exécution de l'article 4 du traité du 20 novembre 1815. Les mêmes commissaires remettront en même temps l'inscription de 7 millions de rente créée en vertu de l'article 8 de la susdite convention.

8. La présente convention sera ratifiée, et les ratifications en seront échangées à Aix-la-

Chapelle, dans le délai de quinze jours, ou plutôt si faire se peut.

En foi de quoi, les plénipotentiaires respectifs l'ont signée et y ont apposé le cachet de leurs armes.

Fait à Aix-la-Chapelle, le 9 octobre de l'an de grâce 1818.

(*L. S.*)   *Signé* RICHELIEU.

(*L. S.*)   *Signé* le prince DE METTERNICH.

Le même jour, dans le même lieu et au même moment, une convention semblable à été conclue :

Entre la France et la Grande-Bretagne ;

Entre la France et la Prusse ;

Entre la France et la Russie ;

Et signé, savoir :

La convention entre la France et la Grande-Bretagne ;

Pour la France, par M. Armand-Emmanuel du Plessis-Richelieu, duc de Richelieu (*ut suprà*);

Et pour la Grande-Bretagne, par MM. le très-honorable Robert Stewart, vicomte Castlereagh, chevalier du très-noble et très-illustre Ordre de la Jarretière, membre du Parlement impérial de la Grande-Bretagne et d'Irlande, colonel du régiment de milice de Londonderry, conseiller de S. M. Britannique en son conseil privé, et son principal secrétaire d'état ayant le département des affaires étrangères, etc., etc.

Et le très-excellent et très-illustre seigneur Arthur, duc, marquis et comte de Wellington, marquis Douro, vicomte Wellington de Talavera et de Wellington, et baron Douro de Wellesley, conseiller de S. M. Britannique en son conseil privé, maréchal de ses armées, colonel du régiment royal des gardes à cheval; chevalier du très-noble et très-illustre ordre de la Jarretière, et chevalier grand-croix du très-honorable ordre militaire du Bain, prince de Waterloo, duc de Ciudad Rodrigo, et grand d'Espagne de la première classe, duc de Victoria, marquis de Torres Vedras, comte de Veimeira en Portugal, chevalier du très-illustre ordre de la Toison-d'Or, de l'ordre militaire de Saint-Ferdinand d'Espagne, chevalier grand-croix de l'ordre impérial et militaire de Marie-Thérèse, chevalier grand-croix de l'ordre militaire de Saint-Georges de Russie de la première classe, chevalier grand-croix de l'ordre royal et militaire de la Tour et de l'Épée de Portugal, chevalier grand-croix de l'ordre militaire et royal de l'Épée de Suède, etc., etc., etc.

La convention entre la France et la Prusse,

Pour la France, par M. Armand-Emmanuel du Plessis-Richelieu, duc de Richelieu (*ut suprà*);

Et pour la Prusse, par MM. le prince de Hardenberg, chancelier d'état, chevalier des grands ordres de l'Aigle-Noir, de l'Aigle-Rouge, de celui de Saint-Jean-de-Jérusalem et de la Croix de Fer de Prusse, de ceux de Saint-André, de Saint-Alexandre-Newsky et de Sainte-Anne de la première classe de Russie, grand-croix de l'ordre royal de Saint-Étienne de Hongrie, grand-cordon de la Légion-d'Honneur, grand-croix de l'ordre de Charles III d'Espagne, de l'ordre suprême de l'Annonciade de Sardaigne, de celui de Saint-Hubert de Bavière, chevalier de l'ordre des Séraphins de Suède, de celui de l'Éléphant de Danemarck, de l'Aigle-d'Or de Wurtemberg, et de plusieurs autres.

Et le sieur Chrétien Gonthier, comte de Bernstorff, ministre d'état et du cabinet, ayant le département des affaires étrangères, chevalier de l'ordre de l'Éléphant, grand-croix de celui de Saint-Étienne de Hongrie et du Dannebrog de Danemarck.

La convention entre la France et la Russie,

Pour la France, par M. Armand-Emmanuel

du Plessis-Richelieu, duc de Richelieu (*ut suprà*);

Et pour la Russie, par MM. Charles-Robert, comte de Nesselrode, conseiller privé, chambellan actuel, secrétaire d'État dirigeant le département des affaires étrangères, chevalier des ordres de Saint-Alexandre-Newski, grand-croix de celui de Wladimir de la deuxième classe, chevalier de l'ordre de l'Aigle-Blanche de Pologne, de l'ordre suprême de l'Annonciade, grand-croix de l'ordre de Saint-Étienne de Hongrie, de l'Aigle-Rouge de Prusse, de Charles III d'Espagne, de l'Aigle-d'Or de Wurtemberg, de l'Étoile-Polaire de Suède et de la Fidélité de Bade;

Et le sieur Jean, comte de Capo d'Istria, conseiller privé et secrétaire d'État, chevalier des ordres de Saint-Alexandre-Newski, grand-croix de l'ordre de Saint-Wladimir de la deuxième classe, chevalier de celui de l'Aigle-Blanche de Pologne, grand-croix des ordres de Léopold et d'Autriche, de l'Aigle-Rouge de Prusse, de Charles III d'Espagne, de Saint-Maurice de Lazare de Sardaigne, de la Fidélité et du Lion de Zachringen de Bade, bourgeois du canton de Vaud ainsi que du canton et de la république de Genève.

Nous nous abstiendrons de toute réflexion sur cette convention dont les conditions, quelque onéreuses qu'elles puissent paraître, sont encore à l'avantage de la France, puisqu'enfin le sol français va redevenir libre de toute occupation étrangère; et d'ailleurs c'est s'affliger sans raison que de discuter contre la nécessité; tournons nos yeux vers notre situation intérieure, et nous y trouverons d'amples dédommagemens aussitôt que nos libertés de droit seront des libertés de fait, ce qui ne peut manquer d'arriver, puisque la présence des troupes alliées a été le seul motif allégué par les partisans des lois d'exception.

Après avoir terminé la signature de la convention avec la France, les ministres des puissances, réunis à Aix-la-Chapelle, se sont occupés des affaires d'Allemagne. Le congrès de Vienne avait été dissous lorsque l'on eut posé les bases de la confédération germanique qui y furent publiées; mais les changemens, survenus en Europe, peuvent motiver quelques modifications, et il importe que ces bases soient bien déterminées pour que la diète de Francfort ne se trouve pas réduite à ne pouvoir répondre à toutes les questions qui lui sont soumises, faute d'instructions suffisantes. La vente des domaines westphaliens occupe particulièrement les Allemands, et il nous semble que c'est du roi de France que l'électeur de Hesse devrait prendre exemple et conseil pour la solution de cette affaire ; les droits des acquéreurs westphaliens, pour être moins anciens que ceux des acquéreurs français, ne nous semblent pas moins sacrés, puisqu'ils ont acheté avec une entière confiance dans la valeur de leurs acquisitions ; mais nous sommes bien loin de vouloir dire ici que les anciens propriétaires westphaliens n'ont droit à aucun dédommagement. Quant à l'organisation militaire de la confédération germanique, le président de la diète a soumis au congrès les bases que nous donnons ici en note (1).

____

(1) *Bases proposées par S. Exc. le ministre-président pour l'organisation militaire de la Confédération germanique.*

L'armée de la confédération est d'un pour cent de la population de tous les états qui en font partie, et d'après la proportion établie par la matricule, qui est adoptée provisoirement pour cinq ans. La réserve est d'un demi pour cent de la population ; elle doit être mise sur pied dans tous les états de la confédération, aussitôt que les contingens de l'armée se mettent en marche ; mais elle reste dans chaque état de la confé-

En lisant attentivement la note précédente,
on voit que le généralissime des troupes de la

---

dération jusqu'à ce qu'elle soit appelée, et elle ne passe
sous les ordres du généralissime que lorsqu'elle a franchi
sa frontière.

On tiendra prêts à marcher, pour les cas extraordinaires, deux tiers de la réserve; l'autre tiers reste dans
chaque état de la confédération; et, lorsque les deux
premiers tiers seront entrés en campagne, il sera com-
plété jusqu'à concurrence de la réserve précédente,
pour former un dépôt de complètement. Si des événemens extraordinaires exigeaient encore de plus grands
efforts, il y sera pourvu par les décisions particulières
de la diète.

Les contingens doivent toujours être tenus au complet. La cavalerie forme le sixième des troupes, tant
dans l'armée que dans la réserve: il y aura tout au plus
un tiers de grosse cavalerie; le reste consistera en cavalerie légère. La proportion de l'artillerie est de deux
pièces pour 1000 hommes, tant dans la force active que
dans la réserve. Tous les états de la confédération doivent avoir dans leurs arsenaux la quantité d'artillerie
nécessaire pour fournir leur contingent, et au moins
une pièce par 1000 hommes pour remplacer ce qui serait perdu. L'artillerie sera composée pour moitié de
pièces de 6, pour un quart de pièces de 12, et pour
l'autre quart d'obusiers. Trente – un hommes seront
attachés au service de chaque pièce. Les pionniers et
les pontonniers forment la centième partie de l'armée.

confédération sera roi en temps de guerre ; et,
s'il est aimé de ses soldats et que ceux-ci soient

La vingtième partie de l'infanterie sera composée de chasseurs et de carabiniers.

On laisse au choix des états de la confédération d'employer la landwehr pour la formation de leur contingent ; mais elle doit être exercée, équipée et prête à entrer en campagne comme les troupes de ligne, et l'on doit admettre pour principe que la majeure partie d'un contingent ne soit pas composée de landwehr. Le landsturm n'entre point dans le système régulier de la guerre, et il ne peut en être question dans l'organisation de l'armée de la confédération. Il doit être regardé comme un de ces préparatifs dont on dispose au moment du danger, et dont l'emploi est abandonné au jugement de chaque état de la confédération en particulier.

Aucun état de la confédération, dont le contingent forme à lui seul un ou plusieurs corps d'armée, ne peut réunir de contingens d'autres états de la confédération au sien. L'armée de la confédération consiste en sept corps d'armée sans mélange, et trois corps combinés, qui seront désignés par les numéros, sans aucune dénomination. Chaque corps est reparti en divisions, brigades, régimens, bataillons, compagnies, escadrons et batteries.

Un corps d'armée comprend au moins deux divisions ; chaque division ne peut être au dessous de 10,000 h. Une brigade d'infanterie ne peut être au dessous de 3,200 hommes ; un régiment de cavalerie doit être de

nombreux, un généralissime ambitieux pourra compromettre la tranquillité de l'Allemagne.

---

quatre escadrons, et un bataillon d'infanterie de 800 h. ; un escadron et une compagnie sont chacun de 150 h. Une batterie est de six ou huit pièces d'artillerie. Les corps combinés et les divisions se réuniront comme ils le jugeront à propos, pour former les corps d'armée suivant l'organisation arrêtée, et dans le cas où cette réunion ne pourrait avoir lieu, la diète décidera. Chaque corps d'armée doit former une bonne réserve de cavalerie et d'artillerie.

Le généralissime est choisi chaque fois par le collége des dix-sept de la diète. Ses fonctions cessent à la paix. Il est alors remplacé par un lieutenant-général de la confédération, qui est élu par la diète, et qui jouit des mêmes droits que le généralissime. Lors de la nomination d'un nouveau généralissime, le lieutenant-général rentre dans ses anciens rapports.

Le quartier-général est composé d'un quartier-maître-général, d'un adjudant-général dirigeant, et d'un intendant-général.

Pour le maintien de la police de l'armée, on formera un corps particulier de gendarmerie, dont le *minimum* sera de 200 hommes de cavalerie, et qui sera compté parmi le contingent de la cavalerie.

La commission de la diète de Francfort est composée ainsi qu'il suit : Le comte de Buol - Schauenstein, le comte de Goltz, le baron d'Aretin, M. de Martens, le baron de Vangenheim, le comte d'Eyben, et le baron de Plessen.

Quant à présent, l'Allemagne peut faire choix
d'un homme qui a su prouver qu'il n'était point

Chaque fois que la confédération est menacée d'une
guerre, ou qu'elle est dans le cas d'y prendre part, ou
que, pour le besoin d'une neutralité armée, l'armée
de la confédération ou une partie de cette armée doit se
rassembler, la Diète élit dans le collége des dix-sept un
généralissime. Ses fonctions cessent lorsque la paix est
rétablie.

Le généralissime est, vis-à-vis de la confédération,
dans les mêmes rapports qu'un général commandant
vis-à-vis de son souverain, et conséquemment la Diète
est sa seule autorité.

Le généralissime prête serment à la Diète ; ce n'est
que d'elle qu'il reçoit des pouvoirs et des ordres, et,
dans des cas particuliers, des instructions spéciales : il
lui adresse immédiatement ses rapports.

Lorsque le généralissime a prêté serment, et qu'il a
reçu de la diète ses instructions générales, c'est à lui
seul à dresser son plan d'opérations suivant ses vues, à
l'exécuter et à le changer selon que les circonstances
l'exigent. Il n'est nullement tenu de communiquer ce
plan à qui que ce soit avant de l'exécuter, et il dépend
uniquement de sa confiance particulière de donner
connaissance des principales parties de ce plan à un ou
plusieurs généraux, et d'en délibérer avec eux.

Ce n'est que lorsque les dispositions sont prises pour
le mettre à exécution, qu'il est tenu de soumettre à la
diète une esquisse de son plan d'opérations. Il doit cependant le développer par écrit dans le plus grand dé-

ambitieux, et qui avait commencé la plus brillante carrière militaire ; nous voulons parler du prince Eugène, duc de Leuchtenberg, que

---

tail, afin de pourvoir à tous les accidens qui peuvent lui arriver personnellement, de manière que son successeur puisse avoir une connaissance entière de tout son plan, et en continuer l'exécution.

En même temps que la diète nommera un généralissime, elle nommera aussi un lieutenant-général de la confédération, pour succéder temporairement au généralissime dans le commandement en chef de l'armée. C'est lui qui succède de droit temporairement au commandement en chef, lors des événemens qui exigeraient un remplacement, et avec les mêmes droits que le généralissime. Jusqu'à ce que cela arrive, il doit remplir les fonctions dont le généralissime juge à propos de le charger. Lorsque la diète a élu un nouveau généralissime, le lieutenant-général de la confédération rentre dans ses rapports antérieurs.

On peut aussi élire pour lieutenant-général de la confédération un de corps ; mais aussi long-temps qu'il n'est pas dans le cas de remplacer le généralissime, ou que celui-ci ne l'appelle pas, il reste près de son corps, et n'a aucune distinction sur les autres commandans de corps.

Le généralissime est autorisé à conclure des conventions pour suspendre les hostilités lorsqu'il en doit résulter de grands avantages, et qu'il y a péril en la demeure. Mais il ne peut conclure d'armistices géné-

le malheur des temps a enlevé à la France, mais dont la France n'a point oublié les belles et généreuses qualités. Gardons-nous de faire ici un rapprochement historique avec le prince Eu-

---

raux, que sous la condition de la ratification de la confédération.

Le généralissime peut placer, faire mouvoir et employer comme il le juge à propos, les forces qui lui sont confiées, ainsi qu'ordonner pour un temps les détachemens qui pourraient être nécessaires ; mais même en cela il doit avoir égard à la division établie pour l'armée, qu'il ne peut jamais changer. Tous les détachemens, ainsi que les mesures de ce genre, qui affectent les rapports organiques des corps, ne doivent durer qu'aussi long-temps que des considérations militaires l'exigent, et ne doivent jamais affaiblir un corps au point de ne pouvoir plus subsister comme corps d'armée particulier.

Des masses de cavalerie et d'artillerie se réunissent en un corps d'armée qui sert de réserve, et tous les corps de l'armée confédérée contribuent également à sa formation. Le généralissime peut détacher à cet effet de chaque corps d'armée un cinquième de la cavalerie, et même une batterie de huit pièces.

La fixation ci-dessus d'un *maximum* ne doit pas empêcher un généralissime de renforcer, un jour de bataille, la réserve par autant d'infanterie, de cavalerie et d'artillerie des différens corps qu'il le juge à propos, et que l'état des corps le permet.

gène de Savoie, dont Louis XIV eut à se repentir d'avoir dédaigné les services.

La question relative aux démêlés du grand duché de Bade et de la Bavière a, dit-on, été résolue par les ministres, et il n'a fallu qu'un petit nombre de conférences pour terminer cette importante contestation; mais le travail n'a pas encore été ratifié par les souverains, et ne devait l'être qu'au retour de l'empereur Alexandre et du roi de Prusse. Jusque-là on ne s'occupera guère que des affaires de la confédération germanique. Quant à l'arrangement arrêté entre Bade et Bavière, il paraît que la branche collatérale de la famille régnante, celle de Hochberg est maintenue dans le droit de successibilité au trône, mais qu'il sera cédé à la Bavière la souveraineté d'un district à prendre dans le cercle de Tanber : cette modification est la seule qui soit faite aux stipulations du congrès de Vienne sur cette matière ; ainsi, la Bavière recevra, à titre d'indemnité, une gratification d'environ trois mille hommes, comme, entre particuliers, on convient d'une somme quelconque pour lever les obstacles qui s'opposent à la conclusion d'un marché arrêté.

Nous pensons qu'il est nécessaire de consigner ici la date exacte des différentes phases de la convention conclue avec la France, que nous avons donnée plus haut. Le 2 octobre les ministres sont convenus du principe de l'évacuation du territoire français; le 9, le traité a été signé par les ministres; du 15 au 17, les ratifications de Paris et de Londres sont arrivées, et, les mêmes jours, le traité a été ratifié par les souverains présens au congrès; enfin l'échange des ratifications a eu lieu le 20, jour du départ de l'empereur de Russie et du roi de Prusse pour la revue de départ de l'armée d'occupation en France. On croyait que lord Castlereagh serait du voyage, mais il n'a point quitté Aix-la-Chapelle. Au reste, on pense toujours que le congrès se prolongera jusqu'au 20 novembre, et on base cette opinion sur ce que l'empereur d'Autriche a retenu son hôtel pour jusqu'à cette époque. La rue de Borcette, où est logé ce souverain, a reçu le nom de rue de François; on a également substitué les noms de rue d'Alexandre et de rue de Frédéric-Guillaume à ceux de rue de Cologne et rue des Célestins, où ces monarques sont descendus. Le général Maisons a quitté Aix-la-Chapelle, mais il ne s'est pas dirigé sur Paris; il est en ce moment dans sa terre de Neuss, sur le Rhin.

L'empereur d'Autriche mène une vie très-simple et fort retirée : S. M. dine à midi, et elle n'assiste dit-on que pour la forme aux grands dîners qu'elle honore de sa présence. Les fêtes continuent à être fréquentes et brillantes ; mais la plus belle réunion qui ait eu lieu depuis le bal donné à la grande .redoute est, sans contredit, le second concert de madame Catalani ; elle était parée d'une ceinture de brillans que lui avait donné l'empereur Alexandre : les souverains ont envoyé mille francs pour leur place, et il avait été distribué en outre huit cents billets à vingt francs chaque

Afin de réunir dans un même cadre tout ce qui est relatif au voyage des deux souverains qui ont passé à Paris la journée du 28, nous nous sommes abstenus d'en parler dans cette livraison ; nous joindrons ici une liste supplémentaire des personnages marquans qui sont venus à Aix-la-Chapelle, et dont les noms ne sont point rapportés dans celle que nous avons donnée précédemment.

Le comte Bentinck, commandeur de l'ordre Teutonique, prince médiatisé ; M. Schirvel, membre des États-Généraux des Pays-Bas ;

le prince Volkonski, major-général à la suite
de l'empereur Alexandre, venant de Saint-
Pétersbourg ; M. Sturza, conseiller d'État
russe ; M. Lawrence, peintre, venant de
Londres, chargé par le prince régent de faire
les portraits des souverains ; M. Sartorius,
conseiller de Hanovre ; M. Beaulieu-Maron-
ning, chambellan du prince d'Aldenbourg ;
M. Stookhausen, harpiste fort distingué, élève
de Nadermann ; le prince royal de Prusse, le
prince Guillaume, son frère ; le prince Auguste
de Prusse, frère du roi ; M. Ermert, secrétaire
de la Légation autrichienne à Naples ; on le
dit envoyé par son ambassadeur ; le prince
Jablonowski, avec des dépêches très-impor-
tantes ; le prince de Schoenfeld, chambellan
autrichien ; M. Labouchére, banquier, qui,
ainsi que M. Barring et la plupart des autres
banquiers, a quitté Aix-la-Chapelle, lorsque
la Convention avec la France a été connue ;
le baron d'Anstett, ministre de Russie à la
diète de Francfort ; M. Alexandre de Humboldt ; lord Stewart, frère de lord Castlereagh ;
M. de Berstett, ministre d'État du grand
duché de Bade ; le prince de Lubecki, gouverneur russe de Wilna ; le comte de Munster,
ministre de Hanovre, qui n'est arrivé de

Londres à Aix-la-Chapelle que le 26 octobre; M. de Altenstein, ministre d'État du cabinet privé prussien, délégué par son souverain, pour présider à la cérémonie d'installation de l'université de Bonn, fondé par un acte du roi de Prusse, daté d'Aix-la-Chapelle le 18 octobre (1).

Le colonel Kneyffer et le lieutenant-colonel Croquembourg, aides de camp du prince d'Orange, qui ont accompagné S. A. R. dans

---

(1) Voici un extrait remarquable de cet acte de fondation :

« Depuis notre avénement au trône, nous nous sommes toujours efforcé, à l'exemple de nos ancêtres, de propager les lumières, par la protection que nous avons accordée aux sciences, et nos soins constans pour le bien des écoles et établissemens d'éducation. Les circonstances graves dans lesquelles moi et mon peuple nous nous sommes trouvés, nous ont forcés de suspendre un temps l'accomplissement de nos vues paternelles à ce sujet ; mais à présent que, grâce au Tout-Puissant, la tranquillité est rétablie en Europe, nous nous sommes occupés de donner, à cette partie si essentielle au bien être de nos sujets, toute la perfection que son importance exige. Dans cette vue, nous avons approuvé les bases du projet d'organisation générale de l'enseignement public, rédigé par le ministre d'état d'Altenstein, que vous nous avez soumis...., et nous avons ré-

son voyage à Spa ; le comte de Leidekerke ;
le chevalier Baillie, lieutenant-général au service britannique ; le comte Dulski, officier
russe ; le comte Édouard de Stadion, lieutenant-colonel de cuirassiers au service de l'empereur d'Autriche ; le comte d'Olgorouski,
chambellan de l'empereur de Russie ; le comte
de Saint-Cricq, aide de camp de M. le maréchal duc de Reggio, venant de Gand ; M. Goll
et M. Otto-Vanberg, banquiers d'Amsterdam ;
le comte de Haugwitz, officier d'État-Major

---

solu de fonder une nouvelle université à Bonn, comme
étant le lieu le plus convenable. A cette fin, et pour
perpétuer le souvenir de notre présence dans les provinces rhénanes par un monument durable, nous avons
ratifié, cejourd'hui, le diplôme en acte de fondation de
l'université de Bonn, et nous l'avons dotée de manière
à ce que cette université puisse soutenir son rang avec
honneur parmi les autres établissemens de ce genre
existans dans mes états. Notre volonté formelle est que
l'université soit ouverte sans retard, et nous attendons
d'elle avec confiance, qu'elle agira constamment dans
l'esprit qui a dicté l'acte de sa fondation, en répan-
dant, parmi la jeunesse confiée à ses soins, une religion
éclairée, des connaissances solides et de bonnes mœurs,
afin de resserrrer de plus en plus les liens qui unissent
les provinces de l'ouest au reste de la monarchie prussienne, etc. »

prussien, venant de Sédan; MM. Ouvrard père et fils; le comte de Cladan, conseiller-d'État, au service de l'empereur de Russie; le prince Guillaume de Bentheim-Steinfurt, prince médiatisé et général au service d'Autriche; et le prince de Neuwied, prince médiatisé : il paraît que ces deux derniers se sont rendus à Aix-la-Chapelle, dans le dessein d'intéresser les souverains et notamment les Cabinets de Vienne et de Berlin, au sort des petits princes qui n'ont que trop souffert des querelles des grands et auxquels, à une certaine époque, on avait donné le surnom de *princes froissés*, d'après l'expression qui les désignait lors des derniers annexes d'outre-Rhin, faites en 1811 au vaste empire français. Dans ce temps même, il leur fut promis des indemnités; ce sont les véritables victimes des dernières guerres; leurs réclamations semblent justes, quel en sera le résultat?

M. de Schuwaloff, premier aide-de-camp de l'empereur Alexandre, a quitté Aix-la-Chapelle, dans la nuit du 30 au 31 octobre; on le disait chargé d'une mission très-importante. L'empereur était de retour de son voyage de France le 31 à huit heures du soir; sa suite n'était composée que de trois voitures; ce monarque était à peine descendu de voiture que l'empereur d'Autriche, et peu après le prince royal de prusse, qui lui-même était arrivé dans la matinée, sont venus lui rendre visite.

Parmi les nouvelles politiques qui paraissent avoir quelque fondement, on cite la nomination d'un vice-roi pour les provinces méridionales du royaume des Pays-Bas, c'est-à-dire pour la Belgique. Des députés de la ville de Munster sollicitent le rétablissement de l'université de cette ville ; c'était la seule université catholique qu'il y eût en Prusse, où l'on compte quatre millions d'habitans professant cette religion. Au reste la religion catholique se trouve aujourd'hui singulièrement reléguée loin des affaires ; nous ne prétendons ici ni approuver, ni désapprouver ; c'est une simple remarque que nous croyons devoir faire, mais jamais le saint-siége n'a été compté pour aussi peu de chose que dans le temps actuel. Aurait-on osé, il y a deux siècles, tenir une assemblée de rois ou de ministres plénipotentiaires sans qu'un légat *a latere*, sans qu'un nonce apostolique y représentât le chef de la chrétienté ? et quelles affaires y aurait-on décidées, d'accord avec des princes catholiques, sans qu'elles aient été préalablement soumises à la sanction du pape? Nous ne disons point que ce soit un effet du progrès des lumières dans la crainte de choquer le petit nombre de ceux qui penseront que c'est l'effet de la démoralisation européenne ; mais, comme fait, comme changement bon ou mauvais, mais évident, cela n'est pas moins remarquable ; et il y a dans la conduite de la cour de Rome des oppositions si singulières qu'on peut les regarder comme inexplicables. A l'ombre même du trône pontifical, dans la ville de Saint-Pierre, les protestans de la communion d'Augsbourg sont autorisés à célébrer la fête séculaire de la réformation, et pendant ce temps, de longues négociations avec la France ont pour résultat un concordat tel que des ministres qui n'ont jamais été accusés de ne pas oser assez, n'osent pas même le soumettre à la discussion des Chambres, ni en donner connaissance à la nation. Aujourd'hui les mêmes difficultés se renouvellent à l'égard de la Bavière, mais cette fois-ci le mécontentement vient du pape qui désapprouve la constitution de ce pays et surtout les lois organiques de cette constitution. Voici donc, dans un tel état de choses, la question qui se présente : une discussion de cette nature sera-t-elle soumise au Congrès?

celui qui jadis déposait les rois, les reconnaîtra-
t-il pour arbitres? et parmi ces arbitres, verra-t-
on un seul prince catholique opposé à trois monarques, ses alliés, dont l'un est anglican, l'autre
luthérien et le troisième, chef du schisme grec,
et en même temps grand-maître de l'ordre
éminemment catholique de Saint-Jean de Jérusalem ? Voilà de quoi exercer la plume de
tous les controversistes de l'Allemagne et de
l'Italie.

Le rétablissement des jésuites dans le canton
de Fribourg , occupe beaucoup les esprits en
Allemagne, ce qui donne lieu à des recherches
sur la suppression de l'ordre, et sur le pape qui
l'a ordonnée. Les compulsateurs d'archives ont
trouvé, relativement à ce dernier, une lettre
d'un certain abbé *Piuzo*, réfugié en Hollande,
écrite avec une originalité et une hardiesse re-
marquables; elle porte en tête : *Piuzo, au
surnommé* CLÉMENT XIV, *son ancien camarade
de collége, qui l'a condamné à une prison perpétuelle pour lui avoir dit la vérité.* On y lit,
entr'autres passages : « As-tu donc oublié, mon
cher Ganganelli, le temps où le fils d'un artisan
de Rimini se croyait honoré de partager avec
moi le bienfait d'une instruction gratuite? Ne
me dis point que je te reproche ta naissance :

Horace était fils d'un affranchi. Celui qui, d'un état obscur, s'élève par son génie, n'est que plus respectable ; mais une origine abjecte imprime une tache ineffaçable à celui qui s'avance par l'intrigue et la bassesse. Nous sortîmes ensemble du collége, moi pour tâcher de devenir honnête homme, et toi pour te faire moine. » Tout le reste de cette lettre est sur ce ton, et l'abbé *Piuzo* n'épargne pas les sottises les plus grossières à Clément XIV ; un jésuite n'aurait pas mieux fait.

Cet objet, quoique n'étant en apparence que d'un intérêt secondaire, ne laisse pas que d'occuper les esprits qui s'irritent à Aix-la-Chapelle plus que partout ailleurs, d'être si près du foyer des nouvelles sans qu'il en jaillisse sur eux quelques étincelles On regarde cependant comme certain que dans une conférence tenue chez M. de Metternich, et qui a duré fort tard, l'empereur de Russie, plusieurs jours avant son départ pour la France, a fait remettre une note dans laquelle il demande à ses augustes alliés, que Napoléon soit transféré de l'île Sainte-Hélène, où sa vie est évidemment en danger, dans une résidence plus saine. On assure que S. M. insiste vivement sur cette demande fondée sur l'humanité et sur le droit des gens. Rien n'a transpiré sur la manière dont la réclamation de l'empereur de Russie a été accueillie par les souverains, mais on l'a dit appuyée par l'empereur d'Autriche qui ne peut être indifférent à l'existence de son gendre.

Pendant l'absence de l'empereur Alexandre et du roi de Prusse, les conférences ont été beaucoup moins fréquentes; l'empereur d'Autriche continue à mener une vie retirée et à visiter les manufactures dont le pays abonde. Une chose pourra donner une idée de l'ardeur avec laquelle on court au-devant des nouvelles, c'est que pendant que la régence royale faisait imprimer la convention diplomatique relative à l'évacuation du territoire français, on a été obligé de placer des gendarmes à la porte de l'imprimerie, ce qu'il serait permis de regarder comme un rafinement à la liberté de la presse; on ne demande pas moins cette liberté en Allemagne qu'en France, et, soit qu'on la considère comme un bien ou comme un mal, pour qu'il y ait égalité entre les peuples il faut qu'elle existe partout ou nulle part. Faire qu'elle n'existe nulle part serait la chose impossible; il faudra donc qu'à leurs grands regrets tous les gouvernemens fassent de nécessité vertu.

Rien n'égale l'affabilité que l'empereur Alexandre témoigne dans toutes les circons-

tances et la noble simplicité de ses manières ;
il fait souvent des visites, à pied et en frac, à
la princesse Trowbeskoy; il y a quelque temps
que ce monarque, ayant fait ainsi une visite
à une dame russe arrivée la veille, le peuple
l'ayant reconnu s'assembla sous les fenêtres ;
lorsque l'empereur est sorti, la foule l'a suivi,
et comme toutes les personnes qui se trouvaient
sur son passage ôtaient respectueusement leur
chapeau, il leur a rendu leur salut avec beaucoup de grâce.

Dans le dernier voyage que ce prince a fait à
Spa, un militaire français s'est approché de lui
et lui a dit : Sire, je demande pardon à votre
majesté de l'importuner ; mais je meurs de
faim, et je sollicite d'elle du service en Russie;
j'ai servi long-temps en France avec honneur.
— Avez-vous prêté serment à Louis XVIII ?
a répondu l'empereur. — Non, Sire. — Eh
bien, rendez-vous à Aix-la-Chapelle, je vais
donner des ordres pour qu'on vous fasse entrer dans un corps.—Voici mes états de service,
Sire ! — La parole d'un officier français me
suffit, reprit le monarque, qui fit donner vingt-
cinq pièces d'or à ce brave pour payer les dettes
qu'il avait contractées dans le pays. L'historien
qui écrira un jour l'histoire d'Alexandre ne
manquera pas de matériaux.

Voilà le congrès terminé, de sorte que le champ des conjectures est fermé, et que celui des réflexions est enfin ouvert. Commencées le 2 octobre, les conférences ont été terminées le 17 novembre. Ceux qui prétendaient que l'évacuation de la France serait le seul objet d'une importance majeure sur lequel il serait statué, n'étaient pas mal informés. On ne peut s'empêcher de jeter un coup-d'œil sur les craintes honteuses manifestées par des hommes de mauvaise foi sur l'effet que produirait en France le départ des troupes étrangères ; partout les faits ont démenti leurs perfides prédictions et montré de quel mépris doivent être payés les regrets qui se sont exhalés en cherchant à répandre les bruits les plus faux. Après avoir prédit un danger imaginaire, ils auraient voulu faire naître ce danger ; heureusement leur impuissance n'a pas moins éclaté dans leurs actions que dans leurs prophéties. La paix règne dans toute l'Europe ; les souverains ont appris à se connaître, et les peuples à s'estimer ; les liens qui unissent la grande famille européenne nous semblent donc plus étroitement resserrés que jamais. Cependant il ne faut point, pendant le temps le plus calme, cesser de tenir en main le gouvernail, et nous pensons que les yeux doivent être incessamment ouverts sur l'Angleterre, non-seulement parce que Bonaparte est en sa possession , mais parce que sa politique consiste à miner long-temps et sans bruit loin avant le moment de l'explosion. Nous dirons en passant, à l'occasion des bruits nouvellement répandus sur la prétendue évasion de Napoléon, et à propos des dépêches venues de Sainte-Hélène , que si l'humanité a pu faire désirer de le voir transférer ailleurs, la politique a conseillé le contraire ; nous sommes intimement convaincus que sa présence ne saurait plus être dangereuse pour le gouvernement français ; et, dans le cas où ce personnage serait ramené par la Grande - Bretagne , comment ses adhérens, s'il en avait encore, pourraient-ils concilier le patriotisme, derrière lequel ils ne manqueraient pas de se retrancher, avec l'aversion naturelle et difficile à surmonter que doit avoir tout Français pour ce qui lui vient de Londres ; nous ajouterons que plus les relations seraient intimes entre les cours de Paris et de Saint-James, plus l'aversion que se portent les deux nations prendrait de force et d'intensité. La guerre des armes est terminée, mais celle de l'industrie l'a remplacée et ne saurait finir, parce que les concurrences commerciales n'ont point de bornes.

Les affaires d'Allemagne, dont les principales bases ont été posées dans les conférences tenues chez le prince de Metternich et chez le prince de Hardenberg, ont été renvoyées à la diète de Francfort, où les articles de toutes les conventions partielles qui en doivent être la conséquence seront définitivement arrêtés. Quant aux deux cent soixante cinq millions que la France a dû payer aux puissances alliées pour completter l'exécution de l'article 4 du 20 novembre 1815, ainsi que cela est convenu par l'article 4 de la convention du 9 octobre 1818, il paraît certain que les négociations ultérieures au 9 octobre ont eu pour résultat une prolongation de temps pour effectuer les divers paiemens; et qu'au lieu de neuf mois le gouvernement français en a obtenu dix-huit. Cette nouvelle convention a dû être signée le 12 novembre. La Prusse, qui seule faisait quelques difficultés, n'éprouvera pour cela aucun retard par suite des arrangemens particuliers que le gouvernement prussien a fait avec la maison Baring. Quoique ces conventions financières aient été consenties de la part de la France, sans la participation de la chambre des députés, on est autorisé à penser que, si les députés des départemens trouvent le sujet de justes observations dans certaines formes des paiemens, ils n'en seront pas moins empressés de ratifier les conditions principales d'un acte qui met enfin un terme à l'incertitude de notre position, et qui va permettre à la charte de jeter de, profondes racines et de produire tous ses fruits. Il nous semble qu'en politique, plus qu'en toute autre chose, les récriminations sont intempestives et dangereuses; il faut toujours partir du point où l'on est, et ne regarder en arrière que pour y puiser les leçons de l'expérience, et non pas pour se lamenter sur des malheurs passés, puisque le temps est un fleuve qu'il n'est jamais donné aux hommes de remonter.

Parmi les ouvrages curieux qui ont paru sur les différentes matières dont on croyait que les souverains réunis à Aix-la-Chapelle s'occuperaient particulièrement, l'écrit du baron de Gazern est un de ceux qui a fait le plus de sensation; l'auteur, qui examine toutes les parties du corps germanique, a divisé son livre en cinq chapitres, savoir : *le pacte fédératif, l'opinion publique, inquiétudes, unité de l'Allemagne, la noblesse.*

Dans le premier chapitre; l'auteur se prononce en faveur du système fédératif ; il déclare franchement l'admiration qu'il a toujours professée pour l'ancienne constitution de l'Allemagne ; et, s'il reconnaît la nécessité d'y introduire quelques changemeus, il veut que ce soit pour rendre cette constitution encore plus monarchique qu'elle n'était. Comment concilier ce vœu avec le titre de son second chapitre, où il traite de *l'opinion publique ?* L'auteur n'ose dire que l'on doive fermer l'oreille à ce que la voix de l'opinion proclame, mais il insiste surtout sur ce que l'on ne doit pas lui obéir aveuglément; vouloir ainsi détrôner cette reine du monde, ce n'est pas être aussi monarchique que M. de Gazern veut que le soit la constitution allemande. Nous pensons comme lui qu'un gouvernement sage doit chercher à guider l'opinion ; mais, pour la guider, il faut marcher avec elle et non pas la suivre de loin. Madame de Staël a dit que la véritable opinion publique est celle qui plane au-dessus des factions; mais qu'est-ce qu'une faction ?

Au chapitre des *inquiétudes*, l'auteur en manifeste de fort vives sur les dangers d'une révolution qui menace en ce moment l'Allemagne. Mais si cette révolution est dans l'opinion publique, si ce n'est point une faction qui la demande, voilà une belle occasion de suivre les conseils de M. de Gazern, et de la diriger. Basant ses assertions générales sur des réflexions individuelles qui ont été faites devant lui par quelques gens qui, après avoir joué d'abord un rôle peu honorable dans la révolution française, sont revenus à de meilleurs principes et qui disaient avoir été, à cette époque, dans un état de fièvre morale, l'auteur part de là pour inviter ses compatriotes à adopter par avance un régime salutaire et préservatif. On voit qu'il ne sait pas séparer l'idée de révolution de l'idée de troubles et de secousses; une révolution quand elle est devenue nécessaire se fait d'elle-même et sans inconvénient; ceux-là seuls qui opposent au cours naturel des choses une résistance aussi inutile qu'imprudente font d'une révolution le plus grand des malheurs.

M. de Gazern s'élève, dans son chapitre sur l'*Unité de l'Allemagne*, à des considérations politiques d'un ordre élevé, et qui, pour donner lieu à des discussions, n'en sont pas moins d'un grand intérêt et mériteraient d'être examinées plus en détail qu'il n'est possible de le faire ici. Dans son dernier chapitre sur la *noblesse*, M. de Gazern n'aurait pas pris le titre de baron, qu'on verrait facilement à quelle caste appartient l'auteur. Montesquieu veut une noblesse dans une monarchie, et l'opinion de ce grand homme est d'un tel poids qu'il faudrait long-temps mesurer le terrain avant d'oser se déterminer à le combattre, mais s'il veut une noblesse, c'est parce qu'il regarde son existence comme utile au bien général; on n'a jamais agité la question de savoir si les priviléges étaient avantageux à ceux qui en jouissent; c'est cependant sous ce seul point de vue que M. de Gazern l'envisage; il conclut que la noblesse est utile parce qu'elle est utile à elle-même, sans se soucier de sa co-opération à la prospérité du corps social; nous n'avons ici le désir de combattre aucun des partis, mais nous ne pensons pas qu'il soit possible d'admettre comme preuve suffisante le défaut de convenance qu'il y aurait à dire M. de Metternich, M. de Hardenberg, M. Blucher, sans faire précéder ces noms de la qualité de prince. Nous sommes tout aussi convaincus que M. de Gazern que s'il n'y avait point de noblesse en Allemagne le prince de Saxe-Cobourg ne serait pas prince, et que s'il ne l'était pas il n'aurait pas épousé la princesse Charlotte d'Angleterre, mais encore une fois, nous ne voyons pas quel malheur eût pu en résulter pour l'humanité. La plus mauvaise manière de juger des choses est de les isoler; car il n'est rien qui ne soit continuellement modifié par l'action et par la réaction d'une multitude d'objets, de circonstances et d'événemens qui, sans changer la nature de ces objets leur donnent un aspect différent; ce qui est vrai dans un temps, devient faux dans un autre; ce qui est bien ici, sera mal à quelques lieues de distance, et le cri de vive le roi n'est pas moins séditieux dans une république que le cri de vive la république dans une monarchie.

Pendant les cinquante jours que le congrès a duré, les souverains alliés ont été souvent absens d'Aix-la-Chapelle; l'empereur d'Autriche seul n'a point quitté cette ville si ce n'est pour faire quelques excursions dans les environs, où partout on a pu remarquer les connaissances de sa majesté. L'empereur Alexandre et le roi de Prusse ont consacré à peu près quinze jours à leur voyage de France et de Belgique; pendant cette absence les conférences ont été moins fréquentes, mais elles ont repris à leur retour. Ce n'est pas sans quelque étonnement que l'on a vu le grade de feld-maréchal, dont aucun général russe n'était revêtu, depuis la mort du prince Barclai-de-Tolly, être conféré au duc de Wellington, par l'empereur de

Russie, et les prérogatives attachées à ce grade rendent peut-être ce choix encore plus surprenant; il en résulte toutefois une chose assez singulière, et si jamais la Russie voulait effectuer une campagne dans l'Inde , elle pourrait donner le commandement de son armée à un général qui connaît déjà le pays! On n'a pas dû être moins surpris de voir le nom de ce général parmi ceux des plénipotentiaires des cours d'Autriche, de France, d'Angleterre, de Prusse et de Russie apposés au bas des pièces suivantes, nouvellement publiées et que nous croyons devoir rapporter ici.

Protocole signé à Aix-la-Chapelle , le 15 novembre 1818, par les plénipotentiaires des cours d'Autriche, de France, de la Grande-Bretagne , de Prusse et de Russie.

Les ministres d'Autriche , de France et de la Grande-Bretagne, de Prusse et de Russie, à la suite de l'échange des ratifications de la convention signée le 9 octobre, relativement à l'évacuation du territoire français par les troupes étrangères, et, après s'être adressé de part et d'autres les notes ci-jointes en copie, se sont réunis en conférence pour prendre en considération les rapports qui , dans l'état actuel des choses, doivent s'établir entre la

France et les puissances co-signataires du traité de paix du 20 novembre 1815, rapports qui, en assurant à la France la place qui lui appartient dans le système de l'Europe, la lieront étroitement aux vues pacifiques et bienveillantes que partagent tous les souverains, et consolideront ainsi la tranquillité générale.

Après avoir mûrement approfondi les principes conservateurs des grands intérêts qui constituent l'ordre de choses rétabli en Europe sous les auspices de la Providence divine, moyennant le traité de Paris, du 50 mai 1814, le recès de Vienne et le traité de paix de l'année 1815, les cours signataires du présent acte ont unanimement reconnu et déclarent en conséquence :

1°. Qu'elles sont fermement décidées à ne s'écarter ni dans leurs relations mutuelles, ni dans celles qui les lient aux autres États, du principe d'union intime qui a présidé jusqu'ici à leurs rapports et intérêts communs, union devenue plus forte et indissoluble par les liens de fraternité chrétienne que les souverains ont formés entre eux.

2°. Que cette union, d'autant plus réelle et durable qu'elle ne tient à aucun intérêt isolé, à aucune combinaison momentanée, ne peut avoir pour objet que le maintien de la paix générale, fondé sur le respect religieux pour les engagemens consignés dans les traités, et pour la totalité des droits qui en dérivent.

3°. Que la France, associée aux autres puissances par la restauration du pouvoir monarchique, légitime et constitutionnel, s'engage à concourir désormais au maintien et à l'affermissement d'un système qui a donné la paix à l'Europe, et qui peut seul en assurer la durée.

4°. Que si, pour mieux atteindre le but ci-dessus énoncé, les puissances qui ont concouru au présent acte jugeaient nécessaire d'établir des réunions particulières, soit entre les augustes souverains eux-mêmes, soit entre leurs ministres et plénipotentiaires respectifs, pour y traiter en commun de leurs propres intérêts, en tant qu'ils se rapportent à l'objet de leurs délibérations actuelles, l'époque et l'endroit de ces réunions seront chaque fois préalablement arrêtés, au moyen de communications diplomatiques; et que, dans le cas où ces réunions auraient pour objet des affaires spécialement liées aux intérêts des autres États de l'Europe, elles n'auront lieu qu'à la suite d'une invitation formelle de la part de ceux de ces États que lesdites affaires concerneraient, et sous la réserve expresse de leurs droits d'y participer directement ou par leurs plénipotentiaires.

5°. Que les résolutions consignées au présent acte seront portées à la connaissance de toutes les cours européennes par la déclaration cijointe, laquelle sera considérée comme sanctionnée par le protocole et en faisant partie.

Fait quintuple et réciproquement échangé en original entre les cabinets signataires.

A Aix-la-Chapelle; le 15 novembre 1818.

Signés METTERNICH, RICHELIEU, CASTLEREAGH, WELLINGTON, HARDENBERG, BERNSTORFF, NESSELRODE, CAPO-D'ISTRIA.

DÉCLARATION.

A l'époque où la pacification de l'Europe est achevée par la résolution de retirer les troupes étrangères du territoire français, et où cessent les mesures de précaution que des événemens déplorables avaient rendues nécessaires, les ministres et plénipotentiaires de LL. MM. l'empereur d'Autriche, le roi de France, le roi de la Grande-Bretagne, le roi de Prusse et l'empereur de toutes les Russies ont reçu de leurs souverains l'ordre de porter à la connaissance de toutes les cours de l'Europe les résultats de leur réunion à Aix-la-Chapelle, et de faire à cet effet la déclaration suivante :

La convention du 9 octobre, qui a définitivement réglé l'exécution des engagemens consignés dans le traité de paix du 20 nov. 1815, est considérée, par les souverains qui y ont concouru comme l'accomplissement de l'œuvre de la paix et comme le complément du système politique destiné à en assurer la solidité.

L'union intime établie entre les monarques associés à ce système par leurs principes non moins que par l'intérêt de leurs peuples, offre à l'Europe le gage le plus sacré de sa tranquillité future.

L'objet de cette union est aussi simple que grand et salutaire ; elle ne tend à aucune nouvelle combinaison politique, à aucun changement dans les rapports sanctionnés par les traités existans. Calme et constante dans son action, elle n'a pour but que le maintien de la paix et la garantie des transactions qui l'ont fondée et consolidée.

Les souverains, en formant cette union auguste, ont regardé comme sa base fondamentale, leur invariable résolution de ne jamais s'écarter ni entre eux, ni dans leurs relations avec d'autres États, de l'observation la plus stricte des principes du droit des gens, principes qui, dans leur application à un état de paix permanent, peuvent seuls garantir efficacement l'indépendance de chaque gouvernement et la stabilité de l'association générale.

Fidèles à ces principes, les souverains les maintiendront également dans les réunions auxquelles ils assisteraient en personne, ou qui auraient lieu entre leurs ministres, soit qu'elles aient pour objet de discuter en commun leurs propres intérêts, soit qu'elles se rapportent à des questions dans lesquelles d'autres gouvernemens auraient formellement réclamé leur intervention. Le même esprit qui dirigera leurs conseils et qui règnera dans leurs communications diplomatiques, présidera aussi à ces réunions, et le repos du monde en sera constamment le motif et le but.

C'est dans ces sentimens que les souverains ont consommé l'ouvrage auquel ils étaient appelés. Ils ne cesseront de travailler à l'affermir et à le perfectionner ; ils reconnaissent formellement que leurs devoirs envers Dieu et envers les peuples qu'ils gouvernent, leur prescrivent de donner au monde, autant qu'il est en eux, l'exemple de la justice, de la concorde, de la modération, heureux de pouvoir consacrer désormais tous leurs efforts à protéger les arts de la paix; à accroître la prospérité intérieure de leurs États, et à réveiller ces sentimens de religion et de morale dont le malheur des temps n'a que trop affaibli l'empire.

Aix-la-Chapelle, le 15 novembre 1818.

Signés, METTERNICH, RICHELIEU, CASTLE-REAGH, WELLINGTON, HARDENBERG, BERNSTORFF, NESSELRODE, CAPO-D'ISTRIAS.

Notes jointes au protocole.

Copie de la Note adressée à M. le duc de Richelieu par les plénipotentiaires des cours d'Autriche, de la Grande-Bretagne, de Prusse et de Russie, le 24 novembre 1818.

Les soussignés, ministres des cabinets d'Autriche, de la Grande-Bretagne, de Prusse et de Russie ont reçu ordre de leurs augustes maîtres d'adresser à S. Exc. le duc de Richelieu la communication suivante :

Appelés par l'article 5 du traité du 20 novembre 1815 à examiner, de concert avec S. M. le roi de France, si l'occupation militaire d'une partie du territoire français, arrêtée par ledit traité, pouvait cesser à la fin de la troisième année, ou devait se prolonger jusqu'à la fin de la cinquième. LL. MM. l'empereur d'Autriche, le roi de Prusse et l'empereur de toutes les Russies, se sont rendus à Aix-la-Chapelle, et ont chargé leurs ministres de s'y réunir en conférence avec les plénipotentiaires de LL. MM. le roi de France et le roi de la Grande-Bretagne, afin de procéder à l'examen de cette question importante.

L'attention des ministres plénipotentiaires a dû se fixer avant tout, dans cet examen, sur l'état intérieur de la France. Elle a dû se porter également sur l'exécution des engagemens contractés par le gouvernement français envers les puissances co-signataires du traité du 20 novembre 1815.

L'état intérieur de la France ayant été depuis long-temps le sujet des méditations suivies des cabinets, et les plénipotentiaires réunis à Aix-la-Chapelle, s'étant mutuellement communiqué les opinions qu'ils s'étaient formées à cet égard, les augustes souverains, après les avoir pesées dans leur sagesse, ont reconnu avec satisfaction que l'ordre de choses, heureusement établi en France par la restauration de la monarchie légitime constitutionnelle, et le succès qui a couronné jusqu'ici les soins paternels de S. M. T. C., justifient pleinement l'espoir d'un affermissement progressif de cet ordre de choses, si essentiel pour le repos et la prospérité de la France, et si étroitement lié à tous les grands intérêts de l'Europe.

Quant à l'exécution des engagemens, les communications que, dès l'ouverture des conférences, M. le plénipotentiaire de S. M. Très-Chrétienne a adressées à ceux des autres puissances, n'ont laissé aucun doute sur cette question, en prouvant que le gouvernement français a rempli, avec l'exactitude la plus scrupuleuse et la plus honorable, toutes les clauses des traités et conventions du 20 novembre, et en proposant pour celles de ces clauses, dont l'accomplissement était réservé à des époques plus éloignées, des arrangemens satisfaisans pour toutes les parties contractantes.

Tels étant les résultats de l'examen de ces graves questions, LL. MM. impériales et royale se sont félicitées de n'avoir plus qu'à écouter ces sentimens et ces vœux personnels qui les portaient à mettre un terme à une mesure que des circonstances funestes, et la nécessité de pourvoir à leur propre sûreté et à celle de l'Europe, avaient seules pu leur dicter.

Dès-lors les augustes souverains se sont décidés à faire cesser l'occupation militaire du territoire français, et la convention du 9 octobre a sanctionné cette résolution. Ils regardent cet acte solennel comme le complément de la paix générale.

Considérant maintenant, comme le premier de leurs devoirs, celui de conserver à leurs peuples les bienfaits que cette paix leur assure, et de maintenir dans leur intégrité, les transactions qui l'ont fondée et consolidée, LL. MM. II. et R. se flattent que S. M. T. C., animée des mêmes sentimens, accueillera avec l'intérêt qu'elle attache à tout ce qui tend au bien de l'humanité, et à la gloire et à la prospérité de son pays, la proposition que LL. MM. II. et R. lui adressent d'unir dorénavant ses conseils et ses efforts à ceux qu'elles ne cesseront de vouer à l'accomplissement d'une œuvre aussi salutaire.

Les soussignés chargés de prier M. le duc de Richelieu de porter ce vœu de leurs augustes souverains, à la connaissance du Roi, son maître, invitent en même temps son Excellence à prendre part à leurs délibérations présentes et futures, consacrées au maintien de la paix, des traités sur lesquels elle repose, des droits et des rapports mutuels établis ou confirmés par ces traités, et reconnus par toutes les puissances européennes.

En transmettant à M. le duc de Richelieu cette preuve solennelle de la confiance que leurs augustes souverains ont placée dans la sagesse du Roi de France et dans la loyauté de la nation française, les soussignés ont l'ordre d'y ajouter l'expression de l'attachement inaltérable que LL. MM. II. et R. professent envers la personne de S. M. T. C. et sa famille, et de la part sincère qu'elles ne cessent de prendre au repos et au bonheur de son royaume.

Ils ont l'honneur d'offrir en même temps à M. le duc de Richelieu, l'assurance de leur considération toute particulière.

Aix-la-Chapelle, le 4 novembre 1818.

Signés, METTERNICH, CASTLEREAGH, WELLINGTON, HARDENBERG, BERNSTORFF, NESSELRODE, CAPO-D'ISTRIA.

*Copie de la note de M. le duc de Richelieu,
en réponse à celle des plénipotentiaires des
cours d'Autriche, de la Grande-Bretagne,
de Prusse et de Russie.*

Le soussigné, ministre et secrétaire-d'État
de S. M. T. C., a reçu la communication
que leurs Excellences messieurs les ministres
des cabinets d'Autriche, de la Grande - Bretagne, de Prusse et de Russie lui ont fait l'honneur de lui adresser, le 4 de ce mois, par
ordre de leurs augustes souverains. Il s'est em-
pressé d'en donner connaissance au Roi son
maître. Sa Majesté a reçu avec une véritable
satisfaction cette nouvelle preuve de la confiance
et de l'amitié des souverains qui ont pris part
aux délibérations d'Aix-la-Chapelle. La justice qu'ils rendent à ses soins constans pour
le bonheur de la France, et surtout à la loyauté
de son peuple, a vivement touché son cœur.
En portant ses regards sur le passé, et en reconnaissant qu'à aucune autre époque aucune
autre nation n'aurait pu exécuter avec une plus
scrupuleuse fidélité des engagemens tels que
ceux que la France avait contractés, le Roi a
senti qu'elle était redevable de ce nouveau

genre de gloire à la force des institutions qui la régissent, et il voit avec joie que l'affermisment de ces institutions est regardé par ses augustes alliés comme aussi avantageux au repos de l'Europe qu'essentiel à la prospérité de la France. Considérant que le premier de ses devoirs est de chercher à perpétuer et à accroître, par tous les moyens qui sont en son pouvoir, les bienfaits que l'entier rétablissement de la paix générale promet à toutes les nations; persuadée que l'union intime des gouvernemens est le gage le plus certain de sa durée, et que la France, qui ne pouvait rester étrangère à un système dont toute la force naîtra d'une parfaite unanimité de principes et d'action, s'y associera avec cette franchise qui la caractérise, et que son concours ne peut qu'augmenter l'espoir bien fondé des heureux résultats qu'une telle alliance aura pour le bien de l'humanité, S. M. T. C. accueille avec empressement la proposition qui lui est faite d'unir ses conseils et ses efforts à ceux de LL. MM., pour accomplir l'œuvre salutaire qu'ils se proposent. En conséquence, elle a autorisé le soussigné à prendre part à toutes les délibérations de leurs ministres et plénipotentiaires, dans le but de consolider la paix, d'assurer le maintien des traités sur lesquels elle repose, et de garantir les droits et les rapports mutuels établis par ces mêmes traités et reconnus par tous les États de l'Europe.

Le soussigné, en priant LL. EE. de vouloir bien transmettre à leurs augustes souverains l'expression des intentions et des sentimens du Roi son maître; a l'honneur de leur offrir l'assurance de sa plus haute considération.

Aix-la-Chapelle, le 12 novembre 1818.

Signé RICHELIEU.

Cette pièce et l'extrait du protocole des conférences d'Aix-la-Chapelle, que nous donnerons plus tard à nos lecteurs, sont les seules pièces véritablement officielles qui soient sorties du congrès, les ministres des puissances n'ayant rien statué sur les affaires d'Allemagne, à l'occasion desquelles ils ont cependant donné à la diète toutes les instructions qui doivent la diriger dans ses travaux et servir de base à ses décisions.

Nous donnerons ici quelques anecdotes que nous avons recueillies et qui ont été prises sur les lieux mêmes. Nous avons déjà parlé du tribut payé à la faiblesse humaine en célébrant l'anniversaire de la bataille de Léipsick, aussi désastreuse pour la France que celles de Marengo, Ulm, Austerlitz, Jéna, Eylau, Friedland, la Mojaïsck, Wagram, Lutzen et Bautzen avaient été glorieuses pour elle, et l'union des souverains aurait, en cette circonstance, acquis un degré de gloire de plus en manifestant un entier oubli. Cette fête pouvait paraître assez singulière au moment où l'on venait de rendre à la France le rang que, dans l'intérêt commun de l'Europe, elle ne peut manquer de tenir parmi les grandes puissances. Le 18 octobre, tous les Français qui se trouvaient dans l'antique cité de Charlemagne n'ont point voulu assister à cette fête funèbre qui leur rappelait la mort si glorieuse de tant de leurs compatriotes et du brave Poniatowski; M. le duc de Richelieu lui-même, qui, lors de la bataille de Léipsick, n'était point dans les rangs français, profita de cette circonstance pour aller visiter l'abbaye princière de Cornely-Munster, à deux petites lieues d'Aix-la-Chapelle. C'est sans contredit le lieu le plus pittoresque de tous ceux où se rendent les personnes qui vont prendre les eaux. A moitié chemin on trouve de magnifiques carrières de marbre gris, au milieu desquelles Napoléon a fait couper une route qui conduit à Metz. Une inscription rappelait ce fait ; le gouvernement prussien a jugé convenable de la détruire, comme si la route elle-même n'était pas la plus parlante de toutes les inscriptions.

Dans le nombre des Français qui, pendant la journée du 18, se sont éloignés d'Aix-la-Chapelle, quelques-uns se sont réunis à Vaels, petit village qui n'est situé qu'à une lieue de cette ville, et qui, par la singulière délimitation du territoire, se trouve faire partie du royaume des Pays-Bas. Là, dans un banquet vraiment patriotique, un des convives a improvisé, *inter pocula*, les couplets suivans :

> Quand d'un jour funeste à la France,
> Les Prussiens fêtent le retour,
> A leur gaîté qui nous offense,
> Nous échappons en ce séjour.
> De les voir sauter en cadence
> Un Français peut se dispenser :
> Des Prussiens je n'aimais la danse
> Que quand nous les faisions danser.
>
> Réglant les destins de la terre,
> Ici près, un conseil de rois,
> Sagement, dit-on, délibère ;

Nous , du plaisir suivons les lois.
Déjà la plus douce espérance
Charme les ennuis du Congrès :
Lorsque nous rentrerons en France
Nous n'y verrons que des Français.

Au surplus , la fête célébrée dans la ville a été fort triste, et nous n'avons pas entendu dire que l'on ait chanté de vaudevilles prussiens. Le canon, que l'on tirait à la porte Saint-Adalbert, n'a pas réjoui les propriétaires des maisons voisines dont les vitres ont été cassées ; et, au banquet préparé au Loysberg, il ne s'est présenté que quatre-vingt personnes, au lieu de trois cents que l'on attendait.

Rien n'est plus plaisant que la manière dont la fameuse sibylle a fait, à son arrivée à Aix-la-Chapelle, ses provisions de prédictions. Elle est descendue rue Buchell, chez une dame qui passe pour être fort au courant de toutes les anecdotes, intrigues et propos qui circulent par la ville, depuis assez long-temps ; cette dame est au fait de tout ce qui concerne les familles et les individus : elle eut d'abord deux longues conférences avec la prophétesse qui n'annonça, qu'après cette précaution prise , son arrivée dans la ville, et alla s'établir ailleurs dans la crainte qu'on ne soupçonnât la source où elle venait de puiser quelques vérités. On a beaucoup parlé, à Aix-la-Chapelle, de l'illustre devineresse, et l'on s'est surtout entretenu d'une prédiction faite par elle, à Paris, il y a sept ans, à un seigneur russe qui alla la consulter. Elle voulut, suivant l'usage, remettre ses prédictions au lendemain, attendu qu'elle aime à savoir, vingt-quatre heures d'avance, le nom des personnes qui ont affaire à elle ; ce seigneur insista et obtint, par sa générosité, une prompte satisfaction ; il lui fut prédit, séance tenante, qu'il jouirait long-temps de toutes sortes de prospérités, mais qu'il finirait par être pendu. Étant arrivé à Aix-la-Chapelle, trois semaines après l'empereur Alexandre, auquel il est attaché, ce seigneur n'eut rien de plus pressé que de se rendre chez la prophétesse ; il l'entretint dans une pièce obscure pour qu'elle ne pût reconnaître ses traits ; même curiosité, même générosité, même prédiction !

Des trois concerts où l'on a entendu madame Catalani, celui qu'elle a donné au profit des pauvres a été le plus brillant. La recette s'est élevée à une somme très-considérable ; aussi quand l'héroïne de la soirée a été, le lendemain matin , rendre une visite à M. de Metternich, tous les pauvres de la ville, qui sont en grand nombre, se sont pressés autour de sa voiture et ont longtemps fait retentir l'air des cris de *vive, madame Catalani.* Ce triomphe là en vaut bien un autre.

Quoique la grande redoute fût le seul lieu de réunion pour les étrangers, on n'y a pas joué très-gros jeu. Mais si l'on n'a point vu de pontes s'arracher les cheveux, l'on a beaucoup ri d'un anglais qui s'est écrié d'une voix de stentor, en s'adressant à l'un des tailleurs de la banque : CROUPION, passez-moi mon mise.

L'innombrable quantité de diamans et la hauteur des plumes de lady Castlereagh, au bal donné par la ville, ont fait pendant plusieurs jours le sujet de la conversation des Anglais qui étaient fort nombreux à Aix-la-Chapelle, où tous leurs plaisirs se bornaient à des promenades à cheval le matin, et à assister le soir à un mauvais spectacle allemand.

Le jour de la fête donnée par le commerce d'Aix-la-Chapelle aux souverains, l'empereur de Russie arriva le premier et se tint, en attendant les deux autres monarques, dans le petit salon qui précède la grande salle de la redoute. S. M. daigna s'entretenir avec les personnes qui s'y trouvaient. De ce nombre était un Français, à qui l'empereur adressa la parole en s'approchant de lui et en répondant à son salut avec la plus gracieuse affabilité. — Êtes-vous de la ville, monsieur? — Non, Sire, je suis Français. — De Paris, peut-être? — Oui, Sire. — Ah! dit l'empereur, j'en arrive, et j'ai fait ce court voyage avec grand plaisir. Monsieur, ajouta S. M. en se retirant, vous appartenez à une belle et noble nation.

Parmi les traits de singularité qui ont marqué le séjour du grand duc Constantin, à Aix-la-Chapelle, ceux qui suivent ont été particulièrement cités. Le grand duc descendit, à son arrivée, chez madame veuve Coomans, chez qui son logement était préparé. A peine entré dans la maison, S. A. I. se jeta sur le premier lit venu. Ce fut en vain qu'on lui représenta qu'elle n'était point dans l'appartement qu'on lui avait destiné, mais dans la chambre et sur le lit disposés pour son valet de chambre. « Eh bien, dit le prince, puisque j'ai pris son lit, il n'a qu'à s'arranger du mien; quant à moi je ne ne quitte pas celui-ci. » S. A. y resta en effet toute la nuit. Le lendemain elle demanda un barbier ; on en amena un. As-tu servi, lui dit le grand duc ? — Non mon prince. — En ce cas, tu peux te retirer, je veux un barbier qui ait servi. On finit, après de longues recherches, par trouver un ancien militaire. — Dans quelle armée, dit le prince, au nouveau venu, as-tu porté les armes ? — Dans la vieille garde, mon général, lui dit le barbier en portant la main droite à son front. — Ah ! diable, tu étais là à bonne école. Voyons si tu te rappelles les manœuvres ; et voilà le grand duc commandant l'exercice et souriant en reconnaissant l'imperturbable précision des vieux soldats français. Bien, très-bien, disait-il, mais c'en est assez ; voyons maintenant si tu te sers aussi bien du rasoir que du mousquet. Le barbier dépêchait sa besogne qui était entrecoupée par mille questions que lui adressait le prince, sur les campagnes, sur les généraux français, sur les victoires de l'armée, et sur une foule de détails, quand tout à coup repoussant de la main, le barbier qui n'avait point encore terminé son office. « Je pense, dit le grand duc, que nous n'avons pas marché ; c'est une des parties les plus importantes de la manœuvre. » Ils exécutèrent donc les marches et les contremarches que permettait la nature et le peu d'étendue du terrain sur lequel ils s'exerçaient. Quand cela fut fini, le barbier reprit ses fonctions et les acheva. « Je suis content de toi, mon brave, lui dit S. A. I. en le congédiant, viens me voir quand tu voudras, tu seras toujours reçu comme je recevrai tous les vieux soldats français » ; et en même temps, il lui glissa six ducats dans la main.

Les soirées de la princesse de la Tour-et-Taxis, celles de la princesse de Salm et de Mme Gay, auteur d'*Anatole* et de plusieurs autres jolis ouvrages, ont été les plus agréables. D'après la demande du jeune prince Charles de Prusse, Mme Gay a composé la romance suivante, sur laquelle Mme Gail a fait une musique charmante.

LE CHATEAU DE FRANCKENBERG (1).

Refrain.

Au pied de cette vieille tour,
Sur les bords de ce lac paisible ;

---

(1) Il ne reste plus que des ruines du château de Franckenberg, qui fut assiégé dans le seizième siècle, par Spinola. Ce château

O! vous dont le cœur est sensible,
Venez chercher des souvenirs d'amour.

C'est là que le dieu du mystère
Inspire les amans discrets:
Ces bois, ce rocher solitaire,
Tout y protège leurs secrets.
C'est là que bravant la colère
D'un héros, d'un père, d'un roi,
La douce Emma donnait sa foi
Au jeune amant qui sut lui plaire.

Au pied de cette vieille tour, etc.

Déjà tout repose en silence,
La cloche va sonner minuit:
Éginhard en tremblant s'avance,
L'amour l'attend et le conduit.
Il aperçoit celle qu'il aime;

---

est, pour un Français, plein de nobles et de grands souvenirs: c'était un des lieux de plaisance de Charlemagne; c'est là que, suivant la tradition, dans le cabinet, à l'angle de la tour, le prince travaillait avec ses ministres, lorsqu'au point du jour il entendit passer sur la neige Emma qu'il se plaisait à nommer sa fille, et bientôt il l'aperçut portant sur son dos un fardeau précieux. Partagé entre le droit de punir, et le plaisir de pardonner, Charlemagne, qui aimait Éginhard, son secrétaire, lui prit la main et l'appela son gendre.

Tous les environs d'Aix-la-Chapelle sont décrits dans le *Voyage entre Rhin et Meuse*, d'une manière qui a un mérite de plus pour ceux qui ont été à même de se convaincre de la parfaite exactitude de ces descriptions.

Emma le presse sur son cœur.
Hélas ! un si parfait bonheur
Devait faire envie au ciel même !

Au pied de cette vieille tour, etc.

Le ciel a conjuré leur perte :
Éginhard ne peut plus partir.
De neige la terre est couverte,
Et ses pas doivent le trahir.
Alors d'une force nouvelle
L'Amour armant le sein d'Emma,
Loin de ces murs elle porta
L'amant qui frémissait pour elle.

Au pied de cette vieille tour, etc.

Charles, du haut de la tourelle,
Contemple ce tableau touchant ;
Et sa faiblesse paternelle
Fait grace au trop heureux amant.
Va, lui dit-il, reste fidèle ;
D'Emma sois l'époux en ce jour.
Pour inspirer autant d'amour
Il fallait être digne d'elle.

Au pied de cette vieille tour,
Sur les bords de ce lac paisible,
O vous dont le cœur est sensible,
Venez chercher des souvenirs d'amour.

Pendant toute la durée du congrès, c'est M. le conseiller Jordan qui a exercé la censure sur les feuilles allemandes et sur la seule feuille française qui s'imprimait à Aix-la-Chapelle; voilà pourquoi *le Nouvelliste* de cette ville était toujours sans nouvelles. Ce silence forcé de quelques feuilles ne donnait que plus d'activité aux esprits ardens et inquiets; et les Allemands qui passent en général pour phlegmatiques, sont peut-être les hommes qui s'occupent le plus de leurs intérêts politiques, surtout lorsque ces intérêts se joignent à des idées religieuses. Nous extrairons d'une feuille allemande, comme très-propres à faire connaître l'esprit actuel des protestans qui composent la presque totalité des habitans du nord de l'Almagne, les passages suivans sur les Négociations *des gouvernemens protestans avec le saint-siége.*

Depuis quelque temps les feuilles publiques sont remplies de plaintes des habitans des Pays-Bas, et particulièrement de ceux du pays de Munster, sur la privation qu'ils éprouvent de de diverses institutions et cérémonies de leur culte, dont le rétablissement dépend des arrangemens à faire avec la cour de Rome.

Il est certain que ces vœux des catholiques, exprimés dans le pays de Munster, particulièrement par le clergé, sont fondés en justice; il n'est pas douteux non plus qu'ils seront pris en considération par les gouvernemens, et surtout par celui de Prusse, qui non-seulement a toujours accordé une entière liberté de conscience à ses anciens et à ses nouveaux sujets, mais qui a même apporté la plus grande attention à ne point heurter les préjugés qui règnent parmi eux. Les évangélistes qui sont fort nombreux à Trèves, n'ont pas même une église dans cette ville qui en renferme un si grand nombre, et les prêtres y prêchent publiquement contre les mariages mixtes, qu'ils condamnent dans tous les cas où il n'est pas stipulé que les enfans seront élevés dans la religion catholique. Trouvera-t-on beaucoup de gouvernemens catholiques qui useraient en pareil cas d'une semblable condescendance envers les évangélistes?

Tous les gens éclairés et de bonne foi ne blâmeront certainement pas les gouvernemens protestans, s'ils apportent la plus grande circonspection dans leurs négociations avec la cour de Rome. Ils ne s'en laisseront pas imposer par les plaintes d'une prétendue oppression; car le plus souvent ce sont ceux-là même qui veulent dominer exclusivement et persé-cuter, qui crient le plus haut à l'oppression, quand ils ne peuvent atteindre leur but. L'his-toire ancienne et l'histoire moderne nous en donnent des preuves multipliées, et particuliè-rement en France. C'est avec de pareils moyens que les choses ont été menées au point de voir des conversions opérées par la crainte de la mort ou de l'exil.

On ne trouvera sûrement pas extraordinaire de voir les évangélistes ne point faire de vœux pour que tout ce que demande la cour de Rome lui soit accordé ; et, sur ce point, les catholi-ques éclairés sont d'accord avec eux.

Lorsqu'on vit un vieillard respectable lut-tant avec courage contre la force et l'arbitraire, toute l'Europe prit le parti de l'opprimé, sans trop s'informer des motifs de la contestation. Cependant ce n'était pas contre la soif des con-quêtes, le mépris des droits les plus sacrés, et la désolation des peuples, ni contre l'établisse-ment de maximes tendant à étouffer toute liberté et à entraver la marche du siècle, que la cour de Rome s'éleva ; aussi long-temps que le conquérant accorda tout ce que Rome lui demanda, Rome ne lui refusa rien, et tous les moyens pour rompre la résistance des peuples et assurer son pouvoir, lui furent prodigués; il eût pu conquérir l'Allemagne et la Russie, et y établir l'inquisition, qu'il n'en aurait pas moins été qualifié de *filius dilectissimus*. Aucuns reproches ne se firent entendre à cette époque : d'autres motifs donnèrent naissance à ses démêlés avec le chef de l'Église.

« Il est faux, il est calomnieux, est-il dit » dans une note du 30 novembre 1808, remise » à tous les ministres résidant à Rome, que le » concordat ait accordé la tolérance de tous » les cultes : ce contrat religieux...... ne ren- » ferme pas un mot relatif à des manières » d'adorer Dieu, que l'Église rejette et a con- » damnées ».

Cette note est terminée par la condamnation des lois organiques, dans lesquelles les principes d'une entière tolérance étaient consacrés.

Par une conséquence naturelle de ces principes, il est dit encore dans un bref du 27 février 1809, que « l'Église, la véritable Église a tou- » jours condamné formellement les mariages » avec les hérétiques, et qu'elle les condamne » encore par le même motif qu'elle interdit les » mariages de catholiques avec les infidèles... »

Ces maximes de la cour de Rome, qui me-
nacent à-la-fois le repos des peuples et l'autorité souveraine, n'ont pas été seulement em-
ployées contre le gouvernement français ;
récemment encore, Pie VII a témoigné la
profonde douleur que lui a fait éprouver la
constitution bavaroise, et les ordonnances qui
y ont été exercées. Cependant en lisant cette
constitution et ces édits, on n'y trouvera non-
seulement rien de contraire aux droits de l'É-
glise catholique, mais encore aucune innovation, et l'on verra que tout se réduit à la
reconnaissance du principe de l'égalité et d'une
entière liberté de conscience en faveur de toutes
les confessions chrétiennes ; reconnaissance qui
n'est qu'une conséquence du droit naturel de
tous les hommes en société. D'où vient donc
cette profonde douleur ? Faut-il donc en chercher le motif dans la législation de Bavière,
qui ne consacre aucun avantage exclusif aux
catholiques ? ou bien dans le peu d'espoir que
laisse le nouvel ordre des choses, de voir le bon
vieux temps ressusciter, la Bavière redevenir
le paradis des moines, et une source abondante
de revenus pour Rome ? Les troubles religieux
dont le midi de la France a été le théâtre, et
les efforts faits en Espagne par l'inquisition pour

faire régner sur ce pays le silence des tombeaux, n'offraient-ils pas de plus justes sujets d'une profonde douleur? Comment n'a-t-elle pas éclaté cette profonde douleur, lorsque, si l'on en doit croire différentes feuilles publiques, le grand inquisiteur d'Espagne sollicita à Rome le droit de soumettre à la torture les malheureuses victimes de l'office dit saint?

Si l'on place à côté de ces réflexions, l'histoire des persécutions dont le respectable vicaire général de Wessenberg a été l'objet, la résurrection des jésuites qui, tels que des spectres échappés aux tombeaux, portent partout l'effroi, ce prosélytisme qui, joint à l'esprit de mysticité, a fait tant de progrès ; si l'on se rappelle que récemment le clergé catholique a déclaré inconvenante la célébration en commun d'une fête nationale, l'on conviendra que les chrétiens de la confession évangélique sont bien excusables en recommandant la circonspection ; en faisant observer combien l'existence d'un État dans l'État est dangereuse, d'un État surtout qui ne regarde les lois comme obligatoires, qu'autant qu'elles sont conformes aux maximes établies par une puissance étrangère. En vain dira-t-on que ces maximes ne concernent que le fort intérieur des citoyens : une puissance qui frappe la tolérance d'anathême, qui s'oppose à tout rapprochement entre les hommes de croyance différente, qui détruit les unions sanctionnées par la loi, qui s'ingère dans l'intérieur des familles, jusqu'à déclarer valables les mariages faits sans le consentement des parens; une puissance, en un mot, qui, s'arrogeant de nos jours un droit indirect de censure, et la plus grande influence dans l'éducation de la jeunesse, ne borne point son empire à la direction des consciences. Nous rendons toute justice aux sentimens personnels des monarques, ainsi qu'à l'esprit qui a dicté cette sainte alliance qui embrasse toute la chrétienté, sans différences de culte : mais aussi nous réclamons une égalité parfaite, une entière liberté pour tous les cultes, respect pour toutes les croyances, et point d'Église exclusive et damnant tout ce qui ne lui appartient pas! Point de puissance temporelle entre les mains du clergé! point de jésuites! point de puissance qui frappe d'anathême des mariages reconnus légitimes par les lois! qui s'arroge le droit de censurer les pensées et d'empêcher les propagations d'idées ou de découvertes qui ne lui conviendraient pas!..... C'est ainsi que pense tout Allemand évangélique, ami des lumières. Les temps récens nous ont malheureusement prouvé la possibilité du retour des scènes sanglantes du moyen âge ; retour que naguère on regardait comme désormais impossible.

Le temps viendra où l'on ne se contentera pas de réclamer une simple tolérance; on voudra une renonciation formelle à un système qui est sans doute aussi étranger au vrai catholicisme, qu'il est en opposition avec le droit des peuples, avec la raison et les principes d'un christianisme éclairé. Il n'est pas douteux que quelques membres du clergé protestant, poussés par un zèle peu réfléchi et par un désir insensé de dominer, pourront exprimer des maximes aussi peu admissibles que celles que nous venons de condamner; mais leurs prétentions ridicules seront promptement appréciées, et ne peuvent être dangereuses n'étant point soutenues par un chef influent, ni fondées sur des contrats politiques... La circonspection est nécessaire; c'est pourquoi nous ne nous pressons pas de juger des gouvernemens qui procèdent avec quelque lenteur dans cette affaire, ni les événemens qui ont eu lieu dans les Pays-Bas; nous nous rappelons surtout ce que Turgot a dit de la tolérance de certaines opinions exclusives, qui elles-mêmes sont subversives de toute tolérance.

(*Feuilles du Rhin*, n°. 182.)

On a vu par la pièce précédente combien les esprits sont occupés en Allemagne des décisions relatives aux intérêts de la religion; combien il tarde aux Allemands de voir terminer les différens qui se sont élevés avec le saint-siége; il est certain que le pape a eu pendant son apostolat des complaisances telles qu'aujourd'hui il ne saurait se montrer sévère envers des principes qu'il n'a pas toujours paru désapprouver, sans donner lieu à l'histoire de recueillir dans sa conduite des contradictions dont l'explication pourrait peut-être être justifiée par la politique, mais qui tourneraient sûrement au détriment de la religion. Nous laissons ces graves matières pour nous occuper plus spécialement des résultats du congrès d'Aix-la-Chapelle.

Avant d'arriver à une conclusion, nous devons recueillir ici la pièce officielle ci-après, sans laquelle cet ouvrage ne serait point complet; il ne nous restera plus ensuite qu'à remplir l'engagement que nous avons pris antérieurement de jeter un coup-d'œil sur la politique extérieure des divers gouvernemens qui se sont succédé en France, depuis le traité de Campo-Formio jusqu'à nos jours, et sur les principaux traités conclus pendant ce période de temps. Nous osons espérer que cette partie de notre travail ne sera pas la moins intéressante ; on verra combien les États, quelque puissans qu'ils soient, se fourvoient tôt ou tard quand ils ne savent pas se ménager des alliances fortes et intéressées au maintien de leur prospérité ; que celui qui rompt l'équilibre, est presque toujours celui qui en devient la victime, tant les grandes moralités découlent de l'ordre naturel des choses. L'influence française a été trop forte, elle a trop pesé sur le corps européen dont chaque membre doit avoir une proportion voulue ; mais aujourd'hui nous osons penser que cette influence n'a pas assez d'étendue, non point par rapport à la France, mais par rapport à l'Europe. Quand on considère que notre grande révolution a tout déplacé, tout conquis, tout mis en mouvement et en question, et qu'aujourd'hui notre territoire est le seul qui se trouve par sa délimitation tel qu'il était il y a trente ans, n'est-on pas frappé du plus inconcevable prodige qu'offre l'histoire du monde ? Mais la civilisation plus forte que la puissance, a, pour ainsi dire, doublé les ressources de la France, donné une nouvelle vie à son patriotisme et à sa politique intérieure; la France enfin rappelle aujourd'hui que Rome fut plus grande quand elle se bornait à la seule Italie, que lorsque ses débordemens lui eurent assuré la conquête du monde; mais Rome était unie, et c'est toujours son danger qui a augmenté sa puissance.

Extrait du Protocole des conférences d'Aix-la-Chapelle, du 19 novembre.

Les maisons de banque, avec lesquelles le gouvernement français a traité de l'exécution de ses engagemens pécuniaires, et dont le crédit, universellement reconnu, a déterminé les cours alliées non-seulement à accepter en paiement les lettres de change tirées sur ces maisons par le trésor de France, pour la somme de 165 millions, restant à acquitter d'après l'article 6 de la convention du 9 octobre, mais encore à faire réaliser par leur entremise la somme de 100 millions, valeur effective, payable en inscriptions de rente, d'après l'article 5 de la même convention, avaient déclaré qu'elles pourraient effectuer, en neuf termes, les différens paiemens dont elles se chargeaient; et la position favorable de la place de Paris, à l'époque où cet arrangement eut lieu, les facilités qu'éprouvait la circulation, la valeur élevée des rentes, et la perspective d'un surcroît de consolidation du crédit public à la suite des transactions politiques les plus heureuses et les plus satisfaisantes pour la France, semblaient pleinement justifier l'opinion, que les termes proposés par lesdites maisons de banque, ne dépassaient pas la limite des moyens disponibles, et pouvaient être acceptés et maintenus sans aucun inconvénient, ni pour la France ni pour les puissances créancières.

Tel était l'état des choses, lorsque la convention du 9 octobre fut signée. Mais dès les derniers jours du même mois, plusieurs symptômes, dont il était impossible de se dissimuler l'importance, avertirent le gouvernement français que malgré l'étendue des ressources que les banquiers, chargés de ses paiemens, avaient à leur disposition, il serait difficile de réaliser ces paiemens dans les délais stipulés, sans exposer directement la circulation de Paris et de la France, et indirectement celle de toute l'Europe commerçante, à de graves inconvéniens.

Quoique les charges pécuniaires, que le traité du 20 novembre 1815 avait imposées à la France, eussent été en très-grande partie acquittées par des reviremens de commerce, par des opérations de change, et par tous ces moyens artificiels, qui dans l'état perfectionné des communications réciproques des pays, remplacent le numéraire effectif, il paraît cependant qu'en dernière analyse une quantité assez considérable de ce numéraire a dû être nécessairement employée à solder la balance de la France.

A cette cause première de diminution dans la masse des valeurs circulantes, il en accéda d'autres dont les effets ne peuvent point être méconnus. Plusieurs des principaux États de l'Europe travaillent à substituer les valeurs métalliques au papier, qui jusqu'ici en avait rempli les fonctions. Les mesures adoptées dans ce but ont exigé une forte importation de numéraire; et il est suffisamment avéré que cette importation s'est en grande partie opérée par l'exportation de celui de la France. Des conjonctures momentanées, assez connues de ceux qui s'occupent particulièrement de ces

objets, ont rendu cette diminution du numéraire plus sensible, à l'époque même où une
nouvelle création de rentes était annoncée par
les stipulations du traité d'évacuation. La banque de France en a éprouvé les premiers effets.
Ses fonds effectifs, naguère trop forts, même
pour ses besoins, ont été successivement en-
tamés, au point que la loyauté et la prudence,
bases essentielles de cet établissement, lui ont
commandé de resserrer ses escomptes, et de
restreindre par conséquent l'émission de ses
billets. Il en est nécessairement résulté un re-
doublement d'embarras dans la circulation
générale. Sous des circonstances qui auraient
rendu désirable une augmentation de numéraire ou de signes qui le représentent, pour
absorber les nouvelles rentes qui allaient être
versées sur la place, l'insuffisance des valeurs
disponibles a été telle, que le prix même des
rentes existantes, n'a pas pu se soutenir à la
bourse. La baisse des effets publics s'est dé-
clarée dans un moment où des causes, exclusivement liées aux rapports pécuniaires, pouvaient seules expliquer un phénomène pareil,
puisque toutes les causes politiques et morales,
qui peuvent agir sur le crédit d'un gouvernement, se réunissaient en faveur de la France;

mais cette baisse une fois arrivée, un concours de circonstances secondaires, et surtout l'empressement irréfléchi qu'un certain nombre de porteurs d'inscriptions ont mis à se défaire de celles qu'ils possédaient, a momentanément affaibli l'efficacité des mesures par lesquelles le gouvernement et les maisons de commerce respectables qui secondent ses opérations, seraient bientôt parvenus à ramener les choses à leur juste niveau.

Le contre-coup de ce qui s'est passé à Paris, doit nécessairement se faire sentir dans les relations commerciales et pécuniaires des autres places européennes; et si le mal n'est pas attaqué dans sa racine, aucun pays ne sera à l'abri de ses effets. Ce serait se livrer à une illusion dangereuse que de croire qu'à proportion que le numéraire diminuerait en France, il abonderait dans les autres pays. La totalité des opérations pécuniaires du monde civilisé se fait au moyen d'une somme comparativement très-petite d'argent monnoyé. Ce qui détermine la rareté ou l'abondance du numéraire est beaucoup moins sa quantité absolue que le degré de facilité et de rapidité du mouvement qui le fait circuler. Mais aussitôt qu'une cause quelconque arrête ce mouvement dans un de ses principaux foyers, les affaires commerciales, les ressources de l'industrie, les transactions du change, le prix des effets publics doivent s'en ressentir partout, et la stagnation qui se manifeste sur une des places centrales de l'Europe doit inévitablement amener une stagnation plus ou moins générale. Aussi les embarras produits à Paris par la réduction des escomptes de la banque, et le resserrement progressif de l'argent, sont-ils déjà simultanément sensibles dans les opérations de toutes les autres places de commerce, et dans les fonds de tous les gouvernemens.

Indépendamment de ces considérations majeures, la valeur des effets publics de France a, dans l'époque actuelle, un intérêt particulier pour les puissances qui ont eu part au traité du 20 novembre 1815, et la convention du 25 avril 1818. Car, ayant stipulé au nom de leurs sujets, créanciers de la France, qu'ils recevraient le montant de leurs créances en inscriptions sur le grand-livre de sa dette publique, elles ne doivent négliger aucun des moyens à leur portée pour empêcher que les valeurs que des individus en question ont reçues ou vont recevoir, ne soient dépréciées, et les mesures que le gouvernement français peut

L'OBSERVATEUR

AU CONGRÈS

D'AIX-LA-CHAPELLE, EN 1818.

10 e. LIVRAISON.

ON SOUSCRIT A PARIS:

Chez A. EYMERY, LIBRAIRE DE LA MINERVE FRANÇAISE,
Rue Mazarine, n. 30,

Où l'argent et les lettres doivent être adressés FRANC DE PORT.
Prix de la Livraison: 60 c., et 70 c. par la poste.

1818.

Mɪɴᴇʀᴠᴇ ꜰʀᴀɴçᴀɪꜱᴇ (ʟᴀ). Cet ouvrage paraît en 52 livraisons, qui forment 4 gros volumes in-8, par an , de 40 feuilles d'impression environ. — Chaque volume est composé de 13 cahiers, qui sont mis successivement en vente à des jours indéterminés, mais de manière à ce que le public en reçoive au moins 4 par mois.

ʟᴇ ᴘʀɪx ᴅᴇ ʟᴀ ꜱᴏᴜꜱᴄʀɪᴘᴛɪᴏɴ,

Pour un an, est de. . . , ... 50 fr.
    six mois 27
    trois mois 14

Les Numéros séparés se vendent 1 fr. 50 c. Chaque volume cartonné à la Bradelle est du prix de 15 fr.

BɪʙʟɪᴏᴛʜèQᴜᴇ ʜɪꜱᴛᴏʀɪQᴜᴇ, ou Recueil des matériaux pour servir à l'histoire du temps. — Le prix de la souscription, pour six cahiers in-8 de 4 à cinq feuilles d'impression chaque , est de 9 fr. — Les trois premiers volumes, déjà en vente, sont du même prix brochés ; 1 franc de plus, cartonnés à la Bradelle. — Les numéros séparés se vendent 2 fr. ; franc de port, 1 fr. 58 c. de plus.

CʜʀᴏɴɪQᴜᴇ ʀᴇʟɪɢɪᴇᴜꜱᴇ (ʟᴀ), rédigée par une société d'évêques, de prêtres, gens de lettres, magistrats, etc. ; pour 26 livraisons ou 1 vol. Prix : 9 fr., et 10 fr. 50 c. par la poste. Il a déjà paru 10 numéros.

Cʜᴏɪx ᴅᴇ ʀᴀᴘᴘᴏʀᴛꜱ, ᴏᴘɪɴɪᴏɴꜱ ᴇᴛ ᴅɪꜱᴄᴏᴜʀꜱ faits et prononcés à la tribune nationale depuis l'ouverture des états généraux jusqu'à ce jour.
Six vol. grand in-8. Chaque vol. sera orné de six portraits de nos plus célèbres orateurs. — Le premier volume est en vente. Prix de chacun, avec les portraits lithographiés, 8 fr. Sans les portraits, 6 fr.

Lᴇᴛᴛʀᴇꜱ ɴᴏʀᴍᴀɴᴅᴇꜱ (ʟᴇꜱ). Les 18 premières lettres de ce piquant ouvrage, formant les première et deuxième livraisons , composent 2 volumes in-8, du prix de 12 fr. — Les 6 premiers numéros qui commencent le deuxième volume sont en vente ; on peut y souscrire pour 6 fr. 75 c. — Les numéros détachés sont du prix d'un franc.

Cᴏʟʟᴇᴄᴛɪᴏɴ ᴅᴇꜱ ᴀᴜᴛᴇᴜʀꜱ ᴄʟᴀꜱꜱɪQᴜᴇꜱ ʟᴀᴛɪɴꜱ, format grand in-8., papier superfin.

Cette édition, dont la première livraison est composée de deux volumes, sera imprimée en caractères neufs, interlignés, de la fonderie de Firmin Didot.

Le texte sera revu et collationné sur les manuscrits de la Bibliothèque du Roi, avec le plus grand soin, par N. E. LEMAIRE, professeur de poésie latine à la Faculté des Lettres, Académie de Paris. Un volume de quatre cent quatre-vingts pages reviendra à 9 fr. Les portraits des auteurs seront délivrés GRATIS aux souscripteurs.

On publiera environ douze volumes par an; aucune livraison ne sera vendue séparément, et le nombre des auteurs n'excédera point trente-trois.

LES FASTES DE LA GLOIRE, ou les Braves recommandés à la postérité, monument élevé aux défenseurs de la patrie; par une société de Gens de Lettres, et M. Tissot, l'un des auteurs de la Minerve française. Pour les deux volumes in-8. annoncés, 12 fr.

OEUVRES COMPLÈTES DE VOLTAIRE, 50 volumes in-12, imprimés sur papier fin, double carré d'Auvergne, par madame veuve Perronneau; édition ornée d'un beau portrait de l'auteur, et du FAC SIMILE du dernier billet qu'il ait écrit.

Les 24 premiers volumes sont en vente. Les autres volumes paraîtront à des époques très-rapprochées.

Le prix de chaque volume est de 3 fr. 50 c., et de 6 fr. papier vélin.

OEUVRES COMPLÈTES DE J.-J. ROUSSEAU, même format, 18 volumes, avec 20 gravures, même prix.

ABRÉGÉ DE L'HISTOIRE UNIVERSELLE, ANCIENNE ET MODERNE, A L'USAGE DE LA JEUNESSE; par M. le comte de Ségur, de l'Académie française.

HISTOIRE ANCIENNE, actuellement terminée, formant 16 volumes in-18, avec 56 cartes ou gravures. Prix, figures en noir, 32 fr., et figures coloriées, 40 fr.

La première livraison à paraître comprendra l'Histoire du Bas-Empire : elle aura 4 volumes, et sera mise en vente le 15 août; celle qui suivra offrira l'Histoire de France. Chaque livraison présentera toujours une histoire séparée et complète.

La souscription est fermée. Chaque vol. est désormais du prix de 2 fr. en figures noires, et de 2 fr. 50 c. en figures coloriées.

IMPRIMERIE DE BAUDOUIN FILS,

RUE DE VAUGIRARD, N. 36, PRÈS LA CHAMBRE DES PAIRS.